二战战术手册

两栖突击战术

[英] 格尔顿 · L. 罗特曼　著
[英] 彼得 · 丹尼斯　绘
胡毅秉　译

民主与建设出版社
· 北京 ·

图书在版编目（CIP）数据

二战战术手册. 两栖突击战术 / (英) 格尔顿·L. 罗特曼著 ; (英) 彼得·丹尼斯绘 ; 胡毅秉译. -- 北京 : 民主与建设出版社, 2025. 9. -- ISBN 978-7-5139-5012-1

Ⅰ. E83-62

中国国家版本馆 CIP 数据核字第 2025RH8392 号

二战战术手册：两栖突击战术

ERZHAN ZHANSHU SHOUCE: LIANGQI TUJI ZHANSHU

著　　者	[英] 格尔顿·L. 罗特曼
绘　　者	[英] 彼得·丹尼斯
译　　者	胡毅秉
责任编辑	彭　现
封面设计	但佳莉
出版发行	民主与建设出版社有限责任公司
电　　话	(010) 59417749　59419778
社　　址	北京市朝阳区宏泰东街远洋万和南区伍号公馆 4 层
邮　　编	100102
印　　刷	重庆长虹印务有限公司
版　　次	2025 年 9 月第 1 版
印　　次	2025 年 9 月第 1 次印刷
开　　本	710 毫米 ×1000 毫米　1/16
印　　张	14
字　　数	225 千字
书　　号	ISBN 978-7-5139-5012-1
定　　价	99.80 元

注：如有印、装质量问题，请与出版社联系。

目　录

CONTENTS

CONTENTS

英制—公制单位换算表

距离和长度

1 英里 ≈1.609 千米

1 英寻 ≈1.828 米

1 码 ≈0.914 米

1 英尺 ≈0.304 米

1 英寸 ≈2.54 厘米

重量

1 磅 ≈0.453 千克

二战美军两栖登陆战术
地中海和欧洲战场

第一部分

引　言

太平洋战场上进行了 40 多次团级或更大规模的两栖登陆作战，而在欧洲和地中海战场上这种作战就要少得多。太平洋战争本质上是海军在陆战队、陆军以及三大军种的陆基和舰载航空兵支援下进行的海战。欧洲和地中海战争则是在美国和英联邦的联合海军部队支援下进行的、涉及两大洲的陆战。

大多数登陆行动有多个师甚至多个军参与。发生在欧洲和地中海战场的登陆作战不是为了把控制面积较小的岛屿所需的兵力送上岸，而是在大规模的陆基航空兵支援下，力求使大量登陆部队在岸上稳固立足，夺取居民点和海港，继而发动解放整片大陆的陆地战役。

大部分的登陆作战发生在地中海，即北非、西西里岛、意大利和法国南部的海岸。地中海东西长约 2400 英里，横跨三个时区，而南北方向的最大宽度约 1000 英里。在 20 世纪 40 年代，与它邻接的国家或地区包括西班牙、法国、意大利、南斯拉夫、阿尔巴尼亚、希腊、土耳其、叙利亚、巴勒斯坦、埃及、利比亚、突尼斯、阿尔及利亚、法属摩洛哥和西属摩洛哥——形形色色的海岸线总长达 28600 英里。地中海两端的通道——西接大西洋的直布罗陀海峡和东经红海连接印度洋的苏伊士运河——在战争期间始终被英军牢牢控制。

地中海可以分为两片截然不同的区域。东地中海的特点是分布着无数近岸小岛，西地中海则有几座大岛，包括西西里岛（Sicily）、科西嘉岛（Corsica）和撒丁岛（Sardinia）。一道平缓的海底山脊从意大利半岛的“靴尖”经西西里岛和马耳他延伸至突尼斯，构成了东西地中海的天然分界线。除了英军在意大利半岛的“靴尖和靴底”进行的两次登陆外，所有大规模两栖登陆作战都发生在西地中海。这一区域的气候特点是冬季温和湿润、夏季炎热干旱。破坏性的大规模风暴并不常见，潮汐的变化也不明显。与大西洋不同的是，经过上千年的海洋贸易，地中海的水文情况已被人们充分掌握。截至 1942 年年底，轴心国的海军部队只能对盟军造成少许威胁，更值得担忧的是敌军的空袭。

欧洲和地中海战场的另一处两栖战地点是英吉利海峡，它是分隔英国与法国的狭窄海上通道。该海峡既没有多少天然障碍，也没有几个值得一提的岛屿，因此它的相关海图非常精准。这条海峡的最窄处是东边的多佛尔海峡（Strait of

经过种种谋划、情报搜集、欺骗措施、人员和物资集结、图上推演和实兵演练之后，一切问题只有在这里才能得到最终解答。登陆的滩头可能没有任何天然障碍，但正如这张在低潮时低空拍摄的诺曼底海滩航空侦察照片所示，两栖登陆部队必须做好克服大量人造防御工事的准备。从照片中可以看到，在众多的反登陆艇斜三脚架、铁桩、三角锥和“刺猬”障碍中间，建筑工人们正在惊恐地四散奔逃——另见插图“清障”。

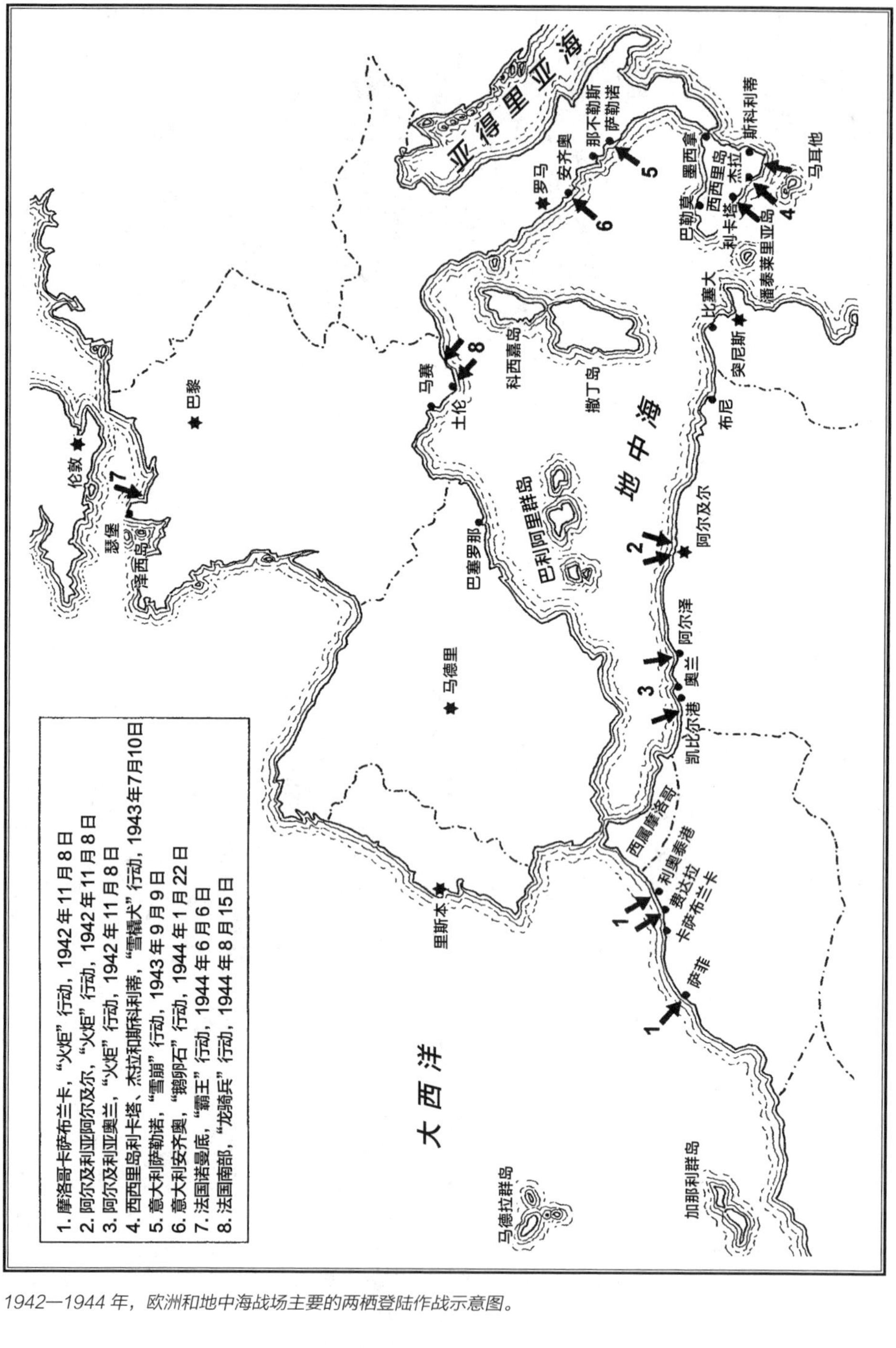

1942—1944 年，欧洲和地中海战场主要的两栖登陆作战示意图。

Dover)，也是与北海相接的地方，宽度仅 20 英里。它的最宽处在连通大西洋的位置，从英格兰南部最西端的兰兹角（Land's End）到法国诺曼底最西端的布雷斯特（Brest)，宽度达 110 英里。该海峡主要的天然威胁是大西洋上狂暴的西北风，它会在英格兰和法国的岩石海岸包夹的狭窄水域中掀起惊涛骇浪。此外，德国在沿岸构筑的“大西洋壁垒”防线对任何登陆的部队都构成了严重阻碍。

在地中海和欧洲战场，遂行登陆战的大部分区域都有条件良好的海滩，且海滩上天然障碍稀少，最常见的不过是平行于海岸线的低矮沙堤。这个战场并没有太平洋战场上影响登陆的一个重要因素——珊瑚礁。除了诺曼底和法国南部是明显的例外，登陆部队几乎不曾遇到任何人工障碍。某些区域存在混凝土防波堤，但大多低矮，较易克服。海滩的坡度通常颇为和缓，由于海岸有很长的水下延伸部分，只有吃水非常浅的抢滩船只才能在近海行动自如。这一点非常重要，因为美军的坦克登陆艇和其他抢滩船只在设计时，甚至考虑到了英吉利海峡典型的 1 ∶ 60 海滩坡度。

地中海和欧洲战场的海滩通常很开阔，深度并不过分，而且坚实得足以承受车辆通行。地中海的海滩通常是紧实的沙滩，而英吉利海峡的海滩往往覆盖着鹅卵石（圆滑的砾石或小石头），轮式和履带式车辆在这种地面上很容易打滑。通常海滩上最大的天然障碍是海滩边缘的沙丘带。这类在风力和潮汐作用下堆积起来的低矮沙丘是由松软的细沙组成的，车辆很难通过，需要用推土机开出通道并铺设某种路面才能支持交通。此外，海滩后方的山崖也会造成阻碍，虽然它们的坡度通常较缓，但能为守军提供毫无遮挡的射界，而离开海滩的道路通常会经过易守难攻的冲沟。在大多数情况下，突击部队可以沿着发达的公路网向位于内陆的初期目标推进。

阅读本书时，读者应该始终牢记一点：这世上不存在两次在策划、组织或遂行方面完全相同的两栖登陆作战。这种差异性是由可用的部队及资源、任务、地形、敌情和不断发展的军事学说共同决定的。军队总是会学习并吸取在先前作战中得到的经验教训，并在每次作战中部署新的部队使用新的装备、战术、技术和实施优化的流程，使得这种作战形式不断进化。

两栖战学说

美国海军陆战队是发展两栖突击战术过程中的主导军种。战前的舰队登陆演习规模相对较小，而且海军的心思都花在战列舰和航空兵上。随着 1933 年舰队陆战部队（Fleet Marine Force）成立，陆战队和海军的两栖战法发展步伐有所加快，但其发展仍然十分缓慢，而且它们的资金也有限。1934 年，陆战队发布《登陆作战手册（试行版）》，为三大军种的两栖战学说提供了基础。[1] 海军在 1937 年采纳了该手册内容，次年将其作为《第 167 号舰队训练文件》发行，并沿用至战争结束。陆军则直到 1943 年才认为有必要采用该手册，并于当年将其作为《FM 31-5，敌前登陆》发行。这是因为陆军向来更重视保卫美国本土和海外领地，他们预计任何海外远征军都将由陆军自身的运输船队和海军负责运输，并将其送至安全的海港登陆——正如第一次世界大战中的旧例。因此陆军对两栖登陆缺乏兴趣，认为这类作战都是海军和陆战队的分内事。

1940 年，陆军对两栖战的兴趣开始增加，开展了有限的演习。但是直到 1942 年，也就是美国加入第二次世界大战后不久，陆军才开始认真研究此类作战并开展大规模训练。直至 1942 年 4 月，陆军仍在提议由自身负责大西洋的两栖战，由陆战队负责太平洋的两栖战。虽然陆战队最初曾设想在两大洋作战——北非登陆的早期计划中，驻扎在美国东海岸的第 1 陆战师被纳入了参战部队——但是最终他们仅在太平洋战场进行了作战，而陆军倒是兼顾了两个战场。陆军在太平洋的 21 个师中，有 18 个师实施了 26 场大规模登陆，其中大部分战斗中敌军抵抗轻微或未作抵抗。这与地中海和欧洲战场的大部分登陆战形成鲜明对比，后者不是在岸边对抗强大守军，就是在登陆后不久遭遇重兵反击。

在 1940—1942 年间，各军种联合开展的训练活动往往凸显出陆军与陆战队军事学说的差异。这些差异通常只是细节上的，涉及的指挥、控制和后勤问题在实际的联合作战中一般都能得到解决。但是有一个重大差异却不容忽视，那就是陆军最初偏爱夜间登陆，而陆战队习惯在昼间进行。最终实战证明，夜间登陆仅适合小规模的奇袭作战，夜间登陆的部队在兵力和火力控制、寻找海滩、规避障碍、寻找敌军阵地等方面都会遇到巨大困难。尽管如此，陆军还是有多场登陆战安排在夜间（通常是在日出前两个小时）进行。

在两次世界大战之间的年代，陆海军联合开展的两栖战演习实在太少，高级指挥官在这项事务上的参与程度如此不一致，导致这一时期获得的任何经验都被遗忘，也无人研究联合作战学说。当陆军开始参与海军和陆战队的两栖战训练时，他们甘心服从海军和陆战队的指挥。但是到了1942年，陆军就对此类演习的训练、规划和执行感到不满了。他们批评海军和陆战队没有提供足够的运输和登陆船只，海军航空兵支援地面部队的训练不足，而且登陆部队常常被送到错误的海滩上。美国海军的军官们曾研究过英国皇家海军的两栖战学说，但其中缺乏联合指挥概念。因此在美军自己获得实战经验之前，无法进一步发展相关学说。

无论行动组织得多么出色，突击部队的装备多么精良，任何遭遇强敌抵抗的两栖突击行动都会在开始后很快陷入混乱。在原计划的行动序列被不可避免地打乱后（例如：登陆船只沉没或搁浅；部队在错误的地方上岸，或者遇到超出预期的困难地形；他们可能发现自己缺了在计划中处于核心地位的装备，或者因为关键人员损失而群龙无首；敌军的抵抗可能强于预期，或者来自出乎意料的方向），只有高超的训练水平、卓越的领导力和处乱不惊、随机应变的坚强斗志才能让登陆部队“挺住”。
这张照片摄于1944年6月6日的诺曼底，几个士兵正在一片鹅卵石海滩上冒着炮火救治伤员。其中两人还穿着给登陆部队配发的充气救生衣——这种装备的精神安慰作用大于实用价值。

代价：6 月 6 日晌午过后，处于低潮时的奥马哈海滩。第一突击波次中的 1450 名官兵死伤超过三分之一。无论动用多少资源，制订多么周密的计划，敌前两栖登陆仍然是最危险的军事行动之一。

应急计划，1940—1941 年

陆军首次获得潜在的两栖战机会是由于一个意料之外的情况。在1940年夏初，加勒比海的马提尼克岛（Martinique）和瓜德罗普岛（Guadeloupe）以及法属圭亚那的法军宣布效忠于新成立的亲纳粹维希政府。当时情况表明十艘法军战舰（包括一艘航空母舰和两艘巡洋舰）可能逃往北非，并落入德军之手。由于担心加勒比海的岛屿可能被德国控制，美国政府在 6 月声明，西半球领地在欧洲列强之间的主权转让不会得到美国认可。这一声明被德国政府拒绝接受。

1940 年 7 月，美国组建应急打击部队，其任务是夺取上述岛屿并拦截可能离港的法军舰队。这支联合远征军由驻扎在古巴关塔那摩湾（Guantanamo Bay）的

一辆吉普车从车辆登陆艇（简称 LCV）开到铺设于海滩的佐默菲尔德车行道上（见插图“穿越海滩的车行道”）。希金斯在战争初期设计的 LCV 是美军采用的第一种带跳板的登陆艇，但它的服役时间很短。船尾供艇长站立的高台意味着这种登陆艇在运输船上无法堆叠或“嵌套”存放。

第 1 陆战旅和驻扎在纽约的陆军第 1 师组成——后者是当时陆军中唯一接受过有限的两栖战训练、可随时投入战斗的师。这场危机最终有惊无险地结束，但该部队却在1940年11月再次接到预警。(1942年5月，法国军舰和飞机最终被解除武装，而法属加勒比的军队在 1943 年 6 月宣布投降。)

1941 年 6 月，这支应急打击部队扩编为大西洋舰队暂编第 1 军。这支部队下辖第 1 陆战师（前身是第 1 陆战旅）、陆军第 1 师（此时驻地在弗吉尼亚）和专门的陆军航空队及陆战队航空兵部队。陆战队将负责最初的几场登陆战，随后陆军部队也将参与。此外，一个驻扎在巴拿马的伞兵营也被编入该军，这一举措开创了先例——欧洲和地中海战场的大部分两栖登陆作战都将得到空降兵支援，这一理念先前是完全无人预见的。除了应急作战，第 1 军还承担了训练任务。该军的任务是训练一支两栖战部队，该部队用于可能在北非、法属加勒比海领地、亚速尔群岛、佛得角群岛开展的远征登陆战，或者作为增援巴拿马运河的守备力量。尽管此时美国尚未参战，美军却已经制订了美英联合登陆北非的计划，打算动用第 1 陆战师和美国陆军的五个师。由于缺乏船只和其他必要资源，该计划在 1942 年 1 月被放弃。在 1942 年 8 月，第 1 军的番号改为大西洋两栖战部队，并开展了第一次大规模登陆演习。

这支联合应急兼训练部队自身并非没有问题。三大军种在组织、沟通、管理、后勤、目标和习惯上存在诸多分歧。各军种特有的无线电台无法与其他军种互相通信。不同军种在军事学说上也有很多差异，例如前文提到的关于昼间还是夜间登陆的争论。其他差异还包括对空中支援和炮兵的运用、炮兵力量薄弱的陆战队更多依赖海军舰炮。到了 1942 年年初，已经有人质疑陆军和陆战队联合两栖战部队的理念，既是因为此类学说差异，也是因为陆战队扩军困难。

陆军与陆战队的作战半球划分，1942 年

1942 年 3 月，某支部队的番号被改为大西洋舰队两栖军。此时上级已决定，陆战队专用于太平洋作战。第 1 陆战师被运至新西兰和萨摩亚，第 2 陆战师也分批跟进。大西洋两栖战部队存在期间始终由陆战队的将领指挥，与此同时，陆战队的指挥人员已开赴美国西海岸，组建第 5 两栖军指挥部。在 1942 年 8 月——第 1 陆战师就在这个月登上了所罗门群岛中的瓜达尔卡纳尔岛（Guadalcanal）——大

到了 1943 年，运输能力大大提高的登陆舰船已开始服役，例如照片中的这种坦克登陆舰（简称 LST）——请注意舰艏上方的 40 毫米和 20 毫米高射炮。LST 采用了在地中海和英吉利海峡广泛使用的 22 号迷彩涂装方案。这是一种分色调的方案，船身为海军蓝色，甲板线以上的船舷漆成浅灰或“雾霾”灰色。醒目的识别号在内侧舰艏门上也有，以方便登船部队识别。两栖登陆战的成功有赖于实际登陆前漫长而繁杂的准备工作，其中一个关键阶段就是登陆部队的编组和装载。在这张照片上，拉着 0.25 吨拖车的 0.25 吨吉普车正等待登船。

西洋舰队两栖军（下辖第 2 装甲师、第 3 步兵师和第 9 步兵师）被划归陆军。这个两栖军从未被用于两栖战，于 1942 年 10 月解散。

战前的两栖战理念通常着眼于规模相对较小的作战。小而精的陆战队将提供负责初期敌前登陆的部队，陆军部队则在后续阶段跟进。他们的主要目标是占领海港和机场（如果有的话），以便大部队和补给物资上岸。机场经过修复后，将作为近距离支援飞机的基地。当然，随着第二次世界大战的规模不断扩大，这种理念显然不能满足欧洲和地中海战场的需求。既然此时陆战队已被全部投入太平洋，那么陆军就该当仁不让地负责发展、组织、指导和部署经过充分两栖战训练的作战和支援部队。陆军也坚信只有自己才能遂行和维系大规模陆战，因为陆战队是比他们小得多的远征部队，缺乏必要的大规模后勤和支援能力。

当然，海军也积极参与了两栖战学说的发展，但是参谋长联席会议指示由陆军负责训练。为此，陆军成立了两栖战训练中心，负责指导被选定的师级部队进行从岸到岸的作战演练，而海军则负责从船到岸的训练。然而，这两大军种从未完全信任过对方。在北非登陆战前夕，乔治 · 巴顿（George Patton）少将曾毫不客气地宣称:“海军在历史上从来没有按预定时间和地点将部队送上岸的先例。”幸运的是，虽然两军仍有问题存在，但后来的两栖突击作战证明，这种情况并非不可避免。

经验教训

整个战争期间，通过对实战经验的分析和学习，相关军事学说一直在不断发展。美军虽然从太平洋战场获得了部分经验，但在欧洲和地中海战场并不会亦步亦趋地根据前者修改军事学说。美军虽然在每次作战中都会推出新的战术和技术，但 1943 年 7 月的西西里岛登陆不仅为他们提供了最多的经验，而且促成了最广泛的变革。在这次行动中，美军首次使用了新型登陆舰艇以及浮箱栈桥。此外，伞降和机降部队也首次被用于支援两栖突击。此战中这些部队的运用虽有缺陷，但也让人意识到他们能够提供宝贵的支援。

在法国的德军占领区，1942 年 8 月英加联军在迪耶普（Dieppe）进行了一场命运多舛的登陆战，他们以高昂的生命代价提供了众多经验教训。这是一次试验，其目的是检验能否通过两栖登陆以正面强攻方式夺取海港，并检验德军的防御效能和响应能力。迪耶普战役之后盟军意识到，必须在特定区域集中大量兵力，而不是在法国沿岸的多个地点分头登陆。虽然后一种做法在北非和西西里岛取得了成功，但法国北部的情况却大不相同。在那里盟军必须占领一片包含海港的立足之地，以便登陆部队积蓄力量，并修整或建造机场。

即便有了通过前期演习和作战获得的经验，为了进一步发展和改进战术技术，许多部队还是开展了各自的试验。例如，美国驻欧海军部队就研究了在敌方海岸登陆时遇到的许多问题，其中包括：研制防水的车辆和坦克，开展涉渡试验，以确定它们的最大涉水深度；设计和试验带跳板的坦克登陆艇（简称 LCT）变型；LCT 抢滩试验；“犀牛”渡船试验；小型登陆艇抗浪试验；LST 作为医院船的适用性试验；从货船卸载货物的最高效方法；清除滩头障碍的方法，以及让搁浅的登陆艇重新浮起的最快捷方法。

策划两栖登陆

实施两栖登陆作战的前提是策划者在各个方面都进行极为细致的、兼顾所有层次的策划。在指定遂行作战的陆海军部队后，他们必须选择具有必要设施和泊位的登船港口。同时，他们还需要选定并指定部队的集结地、训练和演练区域，以及储备大量物资和装备的地点。此外，策划者还要制订训练、演练、装载、登船和船队机动计划，某些情况下此类计划比实际登陆计划还要复杂。陆海军部队则要根据每次作战的任务进行编组，不同分队之间要建立交叉隶属关系。欧洲和地中海战场相对于太平洋战场有一个优势，那就是海港和中途补给基地的距离相对较近，不像太平洋战场那样，需要数量众多的油轮、弹药船、补给船和修理船的支援。

登陆船队要编组为特混编队、特混大队、特混分队和特混小队。船队的航行路线，以及它们到达登陆海岸附近后应该占领的阵位，都需要详细规划。不同船队的出发日期和时间都要根据船队中最慢船只的航速精心计算，例如 LST 船队必须最先起航。同时，保护船队航线的空中掩护以及海军护航编队（主要威胁是敌方鱼雷艇和潜艇）也需要规划。此外，近海水域、锚地和登陆艇航道上的水雷都要清扫干净。而且，对于实际的突击，要制订航空和舰炮火力支援计划。

欺骗行动是登陆战中必不可少的一环。尽管敌军知道登陆战即将打响，但并

任何一次两栖登陆作战必然伴随规模浩大、旷日持久的后勤工作，这一点从这张令人印象深刻的照片中可见一斑。照片底部可以看到装有涉渡通气管的 M4 谢尔曼中型坦克。

不知道具体时间或地点。欺骗行动在登陆策划中常常得不到足够重视，但实际上意义重大。它们旨在将敌军的注意力引到另一端的海岸线上，从而误导敌军对登陆时间的预判，以及使敌军误以为登陆方投入的兵力比实际更多。欺骗行动要一直持续到登陆行动发起之时，其形式包括在实际登陆地域之外进行的示威登陆、“海滩跳跃者”部队的行动、伞兵和特种部队袭扰，以及空袭和对岸炮击。在后期作战中，欺骗行动甚至可以通过空投伞兵假人，或从飞机和舰船上抛撒“窗口”（成团的铝箔条）来使敌方雷达迷盲。

登陆舰艇的分配至关重要——不仅要分配登陆艇来运送突击队，还要安排它们回到母舰运送大量后续部队。一艘运输舰上的登陆艇可能要承担起运输其他船上部队的任务。在策划两栖登陆时，必须考虑到登陆艇在突击阶段不可避免的损失。在实战中，由于横转、倾覆、淤泥、碰撞、天然障碍和机械问题而损失的登陆艇比受敌军打击和人工障碍损失的还多。因此，在制订详细的计划时必须明确每片滩头的每一个登陆波次分配的登陆艇数量和类型，以及它们将要运送的部队、装备和物资。

横转——即舷侧迎浪和迎风——对于吃水浅的平底登陆艇是一种常见的危险，需要艇员拥有高超的操艇技巧才能避免。在恶劣海况下，即使是经验丰富的艇员也可能使登陆艇遭遇横转，就像照片上这艘三号机械化登陆艇[简称 LCM(3)]一样。发生横转的登陆艇只能由更大的舰艇拖走。

陆军海岸勤务队和海军滩头勤务队需要制订非常详细的计划。这些计划中要指定不同类别物资和装备的登陆地点，划定将建立堆场的区域。他们在制订计划时还要考虑各种各样不可或缺的要素，例如可用的公路网，登陆艇的回收及修理，指挥所和通信所的选址，后续登陆部队和车辆的集结地，维修站的位置，预备队、大炮和高射炮的射击阵地，等等。此外，离开滩头的路线也是一个重要的考虑因素。

下表为师级规模的提前登陆作战（仅列出首批登陆部队，不包括后续部队）。请注意，这些登陆战大多有英国和加拿大军队的参与，他们在自己负责的地段或与美军一同登陆。下表仅列出美军部队：

美军在地中海和欧洲战场的两栖登陆作战

作战	日期	突击部队	行动代号
摩洛哥卡萨布兰卡	1942 年 11 月 8 日	第 2 装甲师、第 3 步兵师和第 9 步兵师大部	火炬
阿尔及利亚奥兰	1942 年 11 月 8 日	第 1 装甲师大部和第 1 步兵师	火炬
阿尔及利亚阿尔及尔	1942 年 11 月 8 日	第 34 步兵师、第 1 装甲师和第 1 步兵师各一部	火炬
西西里岛利卡塔	1943 年 7 月 10 日	第 3 步兵师	雪橇犬
西西里岛杰拉	1943 年 7 月 10 日	第 1 步兵师	雪橇犬
西西里岛斯科利蒂	1943 年 7 月 10 日	第 45 步兵师	雪橇犬
意大利萨勒诺	1943 年 9 月 9 日	第 3 步兵师、第 6615 游骑兵支队	雪崩
意大利安齐奥	1944 年 1 月 22 日	第 36 步兵师	鹅卵石
法国诺曼底	1944 年 6 月 6 日	第 1、第 4、第 29 步兵师	霸王
法国南部	1944 年 8 月 15 日	第 3、第 36、第 45 步兵师，第 1 特别勤务部队	龙骑兵

两栖战部队

海军建立了多个基地，供两栖战部队的人员在其中训练登陆艇操作、维护和控制、通信、空中支援和炮火控制、情报及其他技能。在美国东海岸，这类基地包括马里兰州的所罗门斯岛（Solomons Island，不要和南太平洋的所罗门群岛混淆）、弗吉尼亚州的利特尔克里克（Little Creek）和佛罗里达州的皮尔斯堡（Fort Pierce）。这些基地能训练登陆舰艇的船员、浮箱部队和海蜂队队员、各种两栖战的专业人员，还能供陆军部队开展训练和演习。

海军的海蜂队拥有作战装备，他们在承担各种建筑任务的同时，也要接受战斗训练。虽然欧洲和地中海战场的海军工程营从不需要参与步兵战斗，但他们经常要冒着炮击和空袭工作。当一艘六号坦克登陆艇 [简称 LCT(6)] 靠近一条浮箱坡道准备停泊卸货时，德军炮兵开始炮击这片区域，照片上的这些海蜂队队员纷纷卧倒。请注意将浮箱组件固定到一起的带螺栓的钢条。

海军两栖战部队

海军的两栖战部队种类繁多、组织庞杂，其中包括两栖战中队、登陆艇纵队、海军工程营、海军滩勤营、海军战斗爆破队、“海滩跳跃者”、前进基地部队，以及包括雷达兵、通信兵及医护兵在内的支援部队。

虽然某些登陆艇由海岸警卫队和陆军操作，但登陆艇的大部分船员（搭载登陆艇的突击人员运输舰或突击物资运输舰的船员队成员）是由美国海军提供的。照片上这艘人车两用登陆艇（简称 LCVP）的操作者是舵手（右侧操舵轮者）、机械军士（左侧）和两个在后方旋转机枪座中操纵 7.62 毫米口径机枪的艇员。为了执行勤务而需要前往海滩的海军人员会在钢盔上刷一圈浅灰色条带，以免被当成步兵强行拉去打陆战。此外，他们的钢盔和（或）短上衣上还有“USN”字样。

1942 年 2 月，大西洋舰队两栖战部队在弗吉尼亚州诺福克（Norfolk）成立。在地中海，第 8 舰队和下属的第 8 两栖战部队负责监督美国海军作战。在不列颠群岛和英吉利海峡的海军部队则归第 12 舰队及第 11 两栖战部队管理（在 1943 年 8 月前，它们的番号分别改为第 9 舰队和驻欧两栖战部队）。另外，第 12 舰队和美国驻欧海军部队是同一支部队的两个番号，它本身隶属于司令部位于弗吉尼亚州诺福克的大西洋舰队，也负责监督第 8 舰队。

一支舰队的“两栖战部队”通常由一名海军少将指挥，其规模和组成则不拘一格。不同部队的舰艇差异极大——新型舰船不断投入使用，舰船经常在不同部队之间调动，而且部队要根据作战任务进行不同编组。

1940 年 4 月，海军的莫里斯 · E. 柯蒂斯（Maurice E.Curtis）少校建议将海军的特混编组番号标准化，取代当时使用的笨拙不便的功能性命名法（例如巡洋舰侦察部队、炮击部队等）。人们不可能预见到支援某次特定行动需要怎样的命名，因此每次演习或作战都必须制订新的通信方案。此外，在演习或作战期间也很难进行重新编组。于是柯蒂斯提议使用预先安排好的数字编号，方便特混编组的启用和停用，也便于制订标准的全舰队通信方案。特混编组的番号包括数字和功能性编号，后者在不同作战中可能改变，但数字编号和根据数字预先指定的通信方案始终不变。

海军番号系统使用的数字以母舰队的番号开头，例如第80特混编队——西部海军特混编队就是由第8舰队组建的。下级特混编组的番号采用了带小数点的数字，例如第80.1特混大队。其他特混编队也被分配给了第80特混编队，例如第81、第85、第86和第87特混编队。每支特混编队和特混大队还带有一个描述性的任务称号，它会根据每次作战而改变。因此特混编队具有非对称性，其层级结构、组成和组织形式都可变化。此外，这套制度带来了极大的灵活性，部队的任何一个组成部分都没有固定的规模，而由大到小的各级特混编组分别是：特混编队、特混大队、特混小队和特混分队。

海军部队的特混编组和层级结构可能令读者感到迷惑。海军的各种单位——中队、纵队、大队和分队——是为了便于管理，由特定类型的舰船组成的舰种部队。但是在针对任务进行编组时，这些单位会被拆散，来自不同单位的舰船会根据需要被分配到各个特混大队、特混小队和特混分队。

登陆舰和大型登陆艇编组为纵队，每个纵队下辖三个大队。这些大队按照在各纵队之间连续的数字编号，例如，第1步兵登陆艇（简称LCI）纵队下辖第1、第2、第3 LCI大队；第4 LCI纵队下辖第10、第11、第12 LCI大队，以此类推。此外，每个大队又分为两个分队，其编号也是连续的，例如第1 LCI纵队下辖第1分队到第6分队。此外，LST和机械化登陆舰（简称LSM）纵队通常各有12艘船，LCI或LSM炮艇纵队也是如此。LCI纵队有24艘船，LCT纵队有36艘船。（但分配给纵队的船只数量常常会有变化。）

海军工程营

事实证明海军的多种组织在两栖战中具有不可估量的价值，其中表现最突出的当数海军工程营（简称NCB），它更深入人心的名称是"海蜂队"（Seabee，来自缩写 CB 的谐音)。战争爆发前，美国海军通过合同承包方式雇用民间建筑公司，修建太平洋地区的海外基地，但是当大战一触即发时，海军意识到不能让此类承包商卷入可能发生的战斗。(事实上，在威克岛陷落后有数以百计的民间承包商被日军扣押。)工程连队指挥部在 1941 年年底建立，而海军工程营部队在 1942 年 1 月 5 日被批准成立。

按照海军的规章制度，指挥权只能授予部队长官。海军建设兵团在 1940 年 6 月被废除，与工程兵团合并组成土木工程兵团。1942 年 3 月，当第 1 海军工程营加入现役时，海军部长授权土木工程兵团的军官指挥这类新部队。海蜂队的士兵从民间的熟练建筑工人中招募，并授予士官军衔，因此海蜂队是美军中薪资水平最高的组织之一。此外，他们的训练在位于弗吉尼亚州诺福克的美国海军工程训练中心以及全国各地的另外几个较小的营地进行。陆战队在加利福尼亚州彭德尔顿(Pendleton)和北卡罗来纳州勒琼(Lejeune)的营地为海蜂队提供战术训练。

在照片的前景中，美国海军工程营的海蜂队队员正在安装“珠宝”，将浮箱分段固定在一起组成栈桥和渡船。在他们身后，一辆“鸭子”两栖运输车正经过一艘满载车辆的“犀牛”渡船，后者由多个浮箱组成。

低潮时分，一条双车道的浮箱栈桥沿着海岸的斜坡连接到坚实的土地，一艘“犀牛”渡船靠上栈桥入海一端的 T 字码头，与此同时一艘 LCM(3) 从右侧接近。“犀牛”渡船从 LST 和运输舰接收货物及车辆，并将它们运送至岸上。

每个海军工程营下辖一个营部和四个工程连，定员 1105 人。这些部队装备精良，各种工具一应俱全，他们基本上能够承担任何野战工程任务，包括修建海军前进作战基地、码头、机场、水上飞机基地、公路网、补给站、兵营、仓库和其他设施。海蜂队跟随远征部队行动，紧随突击队之后登陆，他们负责清理残骸、修筑公路、平整卸货场地、卸载货物、重新疏通港口、重新开通铁路以及修筑需要的其他任何设施。海蜂队成员以心灵手巧著称，能够完成分配给他们的任何任务。此外，他们也接受过战斗训练，并拥有作战装备，但事实证明欧洲和地中海战场不需要他们拥有作战能力。

截至 1942 年年底，美军已经组建了 60 个海军工程营。海军工程团是承担行政管理的指挥部，能够控制 3—5 个海军工程营，而海军工程旅负责协调 2—4 个团的活动。到战争结束时，美军共组建 286 个海军工程营，以及数量繁多的专业部队，其中包括 5 个浮箱操作营和 40 个海军特别工程营。这些特别工程营在当地劳动力缺乏的海外地区负责为船只装卸，并在突击登陆期间充当海岸勤务队。另外，还有 136 个工程营维护队（简称 CBMU）在完工的海外海军基地服役。此外，美军还组建了 118 个海军工程营分遣队（简称 NCBD），每队 6—500 名海蜂队队员不等，他们负责的专业职能包括流动野战试验室、浮箱栈桥、轮胎翻新和维修、港湾填海造陆、零备件控制和航道疏浚。海蜂队人数最多时共有 8000 名军官和 23.8 万名士兵在世界各地服役，而整个战争期间服役的海蜂队队员超过 32.5 万人。这些部队中仅有一小部分在欧洲和地中海战场服役，如下所示：

北非、西西里岛、意大利本土、法国南部

第 17、第 54、第 70、第 120 海军工程营

第 513、第 566、第 667、第 578、第 579、第 611、第 626 工程营维护队

第 1005、第 1006、第 1040 工程营分遣队

英国、欧洲大陆

第 13、第 25 海军工程团

第 10（特勤）、第 28、第 29、第 30（特勤）、第 69、第 81、第 97、第 108、第 111、第 114、第 146（油料）海军工程营

第 627、第 628、第 629、第 636 工程营维护队

第 1106、第 1048 工程营分遣队

第 25 海军工程团在诺曼底作为第 127.2.2 特混小队负责登陆海岸的滩头运作，它隶属于第 127 特混编队（勤务编队），而该编队是划归西部海军特混编队管理的第 12 两栖战部队下属单位。该团下辖第 28、第 30（特勤）、第 69、第 81、第 108（原第 97 海军工程营第 2 分队）、第 111、第 114 和第 146 海军工程营及第 1006 工程营维护队。它们的任务包括：组装并运作"奥马哈"海滩的人工港（桑葚 A）——由第 108 海军工程营负责；在"犹他"和"奥马哈"海滩运作"犀牛"渡船、"犀牛"拖船、浮箱拖船、浮箱栈桥、干船坞并修理"犀牛"驳船——由第 81 和第 111 海军工程营以及第 1006 工程营维护小队负责；在"犹他"和"奥马哈"海滩建设、运作和维护燃油、机油和润滑油设施——由第 146 海军工程营负责；在"犹他"和"奥马哈"海滩建设并运作海军滩头营地——由第 81 和第 111 海军工程营负责；为"德鲁斯"部队（负责修复和运作被攻占的海港的海军特别基地部队）提供工程分队——由第 28 海军工程营负责。

海军滩勤营

不曾被用于太平洋战场的部队是美国海军在欧洲和地中海战场海滩勤务组织的核心。滩勤营由海军的海滩勤务指挥官管理，负责将指导人员和物资源源不断地运抵登陆海滩。他们不是海蜂队队员，而是在海军两栖战基地接受了与其职能相应训练的专业人员。每个滩勤营的编制为 450 人，下辖三个连，每个连下辖三个装备齐全的排。每个排都有排部班、通信班、水道测量班、爆破班、舟艇修理班和医疗班。这些班的职务大多不言自明，只有水道测量班值得一提，他们负责标记登陆艇的航道。美国海军共有 12 个滩勤营，其中未投入战斗的则被用于协助部队和物资在出发港口登船。

以下是海军滩勤营参与两栖突击的情况：

第 1 营——卡萨布兰卡、西西里岛、萨勒诺、安齐奥、法国南部；

第 2 营——西西里岛、诺曼底；

滩勤队和岸勤队都要负责清障和扫雷。在这张照片上，一名美国陆军特种工兵旅的士兵——可以根据钢盔上的拱形图案识别出他的身份——正在准备 SCR-625 探雷器，打算进入一片被白底黑字的德语标牌标出的雷区。许多原属于法军的地雷已被拆除并堆放在照片左侧。

第 3 营——未投入战斗；

第 4 营——西西里岛、萨勒诺、法国南部；

第 5、第 6、第 7 营——诺曼底；

第 8 营——法国南部；

第 9、第 10、第 11、第 12 营——未投入战斗。

海军战斗爆破队

海军战斗爆破队（简称 NCDU）从 1943 年 6 月开始组建，其成员在位于佛罗里达州皮尔斯堡的侦察兵和突袭者学校接受训练。该队以六人为一组，成员从海蜂队、拆弹学校和排雷学校中选拔。他们接受过破坏海滩障碍的训练，通常被用于加强其他陆海军岸勤部队。[在太平洋战场被用于侦察滩头和破坏障碍的水下爆破队（简称 UDT）很少被部署到欧洲和地中海战场。] 海军战斗爆破队有时会操作“顶点”自爆艇，这种自爆艇是无线电遥控的人员登陆艇（简称 LVP），它带有 1000 磅的炸药，会在遥控下驶向大型水下障碍并引爆。但该自爆艇相当不可靠，有时会自己乱窜。另一种海军战斗爆破队会操作的装备是“待命狐狸”，这是一种漂浮式爆破筒，将它拖曳到障碍物周围后抛锚固定，然后起爆。

海滩跳跃者

英军研究了许多精妙复杂的欺骗技巧用于迷惑敌人，使其误判登陆发生的时间和地点。在 1942 年下半年，美国海军的小道格拉斯 · 费尔班克斯（Douglas Fairbanks Jr）上尉作为交流军官在皇家海军服役，他参与了多次特种部队袭扰战，并对英军的欺敌战法印象深刻，因此他建议美国海军组建一支部队以开展类似的行动。1943 年 3 月，一批志愿者前往弗吉尼亚州布拉德福德营（Camp Bradford）的两栖战训练基地报到。海滩跳跃者第 1 支队承担在海战中协助和支持作战部队开展战术隐蔽和欺骗的任务。这支 480 人的队伍装备了 10 艘 63 英尺长的海空救援（简称 ASR）艇，艇上配备 10 管 3.5 英寸火箭炮（用于抛撒反射雷达波的箔条云）、发烟器、发烟罐、漂浮式延时炸药包、带扬声器的录音机和无线电干扰机。此外，这些 ASR 艇还能拖曳悬挂箔条的防空拦阻气球。

这支部队的理念是让小艇在夜色掩护下接近可能成为登陆场的海岸，然后释

初期推进边界以内的滩头阵地在得到稳固后，它很快就会呈现一片繁忙景象。在这张照片的背景中，某特种工兵旅的一台平路机正在奋力平整滩头出口车道被轧坏的路面，紧随其后的是一辆拉着拖车的吉普和一辆两栖运输车（绰号“鸭子”，简称 DUKW）。

放烟幕，用机枪扫射和发射照明弹，接着再引爆炸药，播放锚链入水、登陆艇下水和军舰上广播命令的录音。另外，他们还会用假目标使敌方雷达屏幕显示回波。这些模拟登陆部队的活动当然会在远离实际登陆滩头的地点进行。为了增强效果，还会有其他小艇进行登陆佯动，并且佯动登陆的部队还会出动飞机和少数军舰在海岸附近活动。他们首次支援的作战是西西里岛登陆。此后美军又组建了几支海滩跳跃者队——海滩跳跃者第1、第3、第4、第5支队在地中海作战，但都不曾在英吉利海峡服役。（关于这些部队名称的来源众说纷纭，看起来最可信的一种说法是，它就是为了掩人耳目而故意选择的并不准确的名称。）

陆军两栖工兵司令部

海军无法提供足够的登陆艇操作人员来支持计划中遍布世界的大规模两栖战，因此他们甚至不得不抽调海岸警卫队的人员来操作76艘LST、28艘步兵登陆艇（大型）[简称LCI(L)]和不计其数的小型登陆艇。（在1941年11月—1946年1月期间，海岸警卫队从财政部转隶海军部。）为了弥补人力缺口，陆军于1942年6月在马萨诸塞州的爱德华兹营（Camp Edwards）组建了两栖工兵司令部（简称EAC）。在10月，该司令部搬迁至佛罗里达州卡拉贝尔（Carrabelle）的戈登·约翰逊营地（Camp Gordon Johnson）。随后，陆军和海军就在艇员训练职责和登陆艇单位的控制问题上发生争执。他们最终的决定是，EAC将支持从岸到岸的两栖战，从船到岸的作战则属于海军的禁脔。

第1—第4两栖工兵旅于1942—1943年间在美国本土组建，到了1943年5月，它们的番号被改为特种工兵旅。在这些部队中，只有第1特种工兵旅在欧洲和地中海战场服役。该部队参与了在北非（但未参与任何登陆战），以及在西西里岛、萨勒诺和诺曼底的登陆行动，其中在诺曼底战役中该部队作为犹他海滩司令部参战。暂编第5和第6特种工兵旅是在英国由战斗工兵部队组建的，它们作为暂编特种工兵旅集群下属的奥马哈海滩司令部，支援了奥马哈海滩的作战。

每个特种工兵旅有7400人，下辖两个被视为“特种”后勤和运输单位的工兵舟艇及岸勤团。每个团下辖一个无编号的舟艇营和一个岸勤营，能够提供650艘LCM、LCVP和其他小艇，以及岸勤工作队支援，并满足一个步兵师的登陆需求。在欧洲和地中海战场，只有第1特种工兵旅曾提供从岸到岸的两栖战，但后来它和第 5 及第 6 特种工兵旅一样，改为仅提供岸勤工作队支援。在诺曼底登陆中，这几个旅根据任务与来自其他众多单位的数十支专业分遣队混编，其编制结构与原编制相比已变得面目全非。第 1 特种工兵旅在犹他海滩被编组为至少 90 个小单位和分遣队，其中包括 7 个两栖运输车连、25 个各种类型的军需连和 16 个运输港务连。在奥马哈海滩，下辖第 5 和第 6 特种工兵旅的暂编特种旅工兵集群包括 110 个单位和分遣队。

这些旅并没有按照原先的设想，提供从岸到岸的登陆艇和岸上勤务。所以陆军与海军在 1942 年 7 月达成的一项协议规定，由海军负责欧洲战场所有的登陆船只运作。特种工兵旅的任务是在登船海岸和登陆海岸充当装卸工，并在登陆海岸提供岸勤工作和辅助的工兵勤务。只有第 591 工兵舟艇团曾在北非的奥兰按原先的设想作战。

第 1 特种工兵旅和暂编特种工兵旅集群

第 1 特种工兵旅，诺曼底犹他海滩

配属的团级和营级单位：

第 1 特种工兵旅旅部和旅部连

第 38 综合勤务工兵团

　　第 1 和第 2 营

第 531 岸勤工兵团

　　第 1、第 2、第 3 岸勤营

海军第 2 滩勤营

第 24 两栖运输车营

第 191 军械营

第 261 医疗营

第 244、第 262、第 306、第 537、第 577 军需营

第 490、第 518、第 519 军需港务营

暂编特种工兵旅集群，诺曼底奥马哈海滩

配属的团级和营级单位：

暂编特种工兵旅集群司令部和司令部连

第 358 综合勤务工兵团第 2 营

第 5 特种工兵旅

第 5 特种工兵旅旅部和旅部连

海军第 6 滩勤营

第 61 医疗营

第 251 军械营

第 37、第 336、第 348 建设工兵营

第 131、第 533 和第 619 军需营

第 487 和第 502 军需港务营

第 6 特种工兵旅

第 6 特种工兵旅旅部和旅部连

海军第 7 滩勤营

第 60 医疗营

第 74 军械营

第 147、第 149 和第 203 建设工兵营

第 95、第 538 和第 280 军需营

第 494 和第 517 军需港务营

第 11 港务队

第 11 港务指挥部和指挥部连

第 512 军需集群

第 509、第 514 和第 516 军需港务营

第 174、第 512、第 554、第 688 和第 4058 军需营

注：除港务营外，军需营不是勤务就是机动部队

登陆部队

美国陆军有八个步兵师和两个装甲师参与了欧洲和地中海战场的两栖突击作战（下文括号中的数字是参与突击的部队的参战次数）：第 1（2）、第 3（3）、第 4、第 9、第 29、第 34、第 36（2）和第 45（2）步兵师以及第 1 和第 2 装甲师。

步兵师的编制不是为了遂行两栖突击作战而专门设计的，步兵师会根据任务进行编组，加强一些专业单位，并接受专门的训练。此外，步兵师还会获得一些特种装备，而他们的部分重装备和车辆可能会被留在后方，等到登陆战结束后再重新装备。为了实施诺曼底登陆，陆军曾考虑将某些师升级为两栖突击部队，但这一提议最终被否决了——因为这些部队在突破沿岸防线后，就不得不重新编组为标准步兵部队。

陆军步兵师的编制在战争期间基本保持稳定，只有一些细微的兵力变动。一个步兵师下辖三个步兵团，每团下辖三个步兵营、一个加农炮连（半履带车载 75 毫米炮或牵引式 105 毫米炮）、一个反坦克连（配备 37 毫米炮，1943 年年中以后改为 57 毫米炮），以及一个勤务连和一个医疗分队。师属炮兵下辖一个 155 毫米野战炮营和三个 105 毫米野战炮营。此外，其他师属部队包括战斗工兵营、医疗营、通信连、轻型修械连、军需连和侦察连。根据需要，步兵师经常会加强一个坦克营和（或）坦克歼击车营，以及一个装备 40 毫米炮和四联装 12.7 毫米机枪的自动高炮营。另外，步兵师可能会加强一个装备 107 毫米迫击炮的化学营（摩托化），还可能加强额外的战斗工兵营、运输卡车连、医疗分队和各种小型勤务支援分队。因此一个编制为 14000 人的步兵师再加上这些配属分队后，人数可能会多达 22000 人。下面这个例子就很有代表性：

第 1 步兵师（加强），诺曼底奥马哈海滩

第 1 步兵师师部连

第 16 团级战斗队

第 18 团级战斗队

第 26 团级战斗队

第 1 步兵师师属炮兵

士兵们顺着软梯爬进下方的登陆艇，他们身上没有背包，说明这只是一次从船到岸的简单机动，而不是突击登陆演习。照片中的软梯由铁链和木质横档组成，更常见的软梯是用绳索编成的简易“登陆网”。在训练中，士兵们被要求手抓垂直铁链而不是横档，以免被上方的人踩到手。

第 5 野战炮营（155 毫米炮）

第 7 野战炮营（105 毫米炮）

第 32 野战炮营（105 毫米炮）

第 33 野战炮营（105 毫米炮）

第 1 战斗工兵营

第 1 医疗营

第 1 机械化侦察骑兵连

第 1 通信连

第 1 军需连

第 701 轻型修械连

第 1 步兵师师属宪兵排

反间谍局第 1 分队

第 29 步兵师配属部队

第 115 团级战斗队

第 116 团级战斗队

暂编游骑兵部队（第 2 和第 5 游骑兵营）

第 111 野战炮营（105 毫米炮）

第 29 机械化侦察连分遣队

第 121 战斗工兵营分遣队

非师属配属部队

第 58 装甲野战炮营（105 毫米炮）

第 299 战斗工兵营

第 635 坦克歼击车营（M10 自行反坦克炮）

第 741 坦克营

第 745 坦克营

第 81 化学营（摩托化）（B 连和 C 连）

第 56 通信营 A 连

从上方拍摄的类似场景：一个登艇队正在爬进下方的LCVP，士兵们只携带了轻型战斗装具。请注意船尾右侧的舵手，在他身前有几根长长的工兵爆破筒——另见插图“突击登艇队，1944年6月6日，诺曼底”。

装甲师分为两类，即轻装师和重装师。第 1 和第 2 装甲师在北非登陆时都是重装师（但只有第 2 和第 3 装甲师在战争期间始终保持着重装师的编制）。14600 人编制的重装师由两个旅级战斗司令部（A 和 B 旅级战斗司令部）组成，下辖两个三营制装甲团（共 390 辆坦克）。此外该师还有一个装甲步兵团，下辖三个半履带车载步兵营。师属炮兵包括三个 105 毫米自行榴弹炮营。师属分队包括装甲侦察营、装甲战斗工兵营、军械营、军需营和医疗营，以及一个通信连。坦克歼击车营和自动高炮营常常会配属给重装师。

10800 人编制的轻装甲师是在 1943 年下半年由重装师改编而来，其支援单位与重装师基本相同。战斗单位则包括三个坦克营（共 310 辆坦克）、三个装甲步兵营和三个自行野战炮营，它们均隶属于三个战斗司令部（A、B 和预备战斗司令部）。这些营可以按任意组合配属给战斗司令部，同时，各战斗司令部还会有其他营的加强。

步兵团按任务编组为团级战斗队，而团级战斗队的具体编组方式则根据任务、战场情况和可用的支援单位的不同而有所差异。在北非登陆战之后，美军建议在遂行两栖登陆作战的团级战斗队中编入野战炮营、自动高炮营、工兵岸勤营、战斗工兵连、医疗收容连和通信分队。此外，团级战斗队可能还会加强一个轻中型坦克连或坦克歼击车连。在后期，炮兵营通常由师属炮兵直接控制，但一般每个团级战斗队都会分配到一个炮兵营用于直接支援（该营也可以用火力支援其他任何团）。

团级战斗队的组织结构可以根据需求进行调整。下面这个团级战斗队的示例是 1944 年 6 月 6 日在诺曼底奥马哈海滩配属于第 1 步兵师作战的第 29 步兵师某部，与通常的团级战斗队相比，该战斗队的实力要强得多，而且工兵单位得到了加强。这不仅是因为该战斗队——和诺曼底的其他所有团级战斗队一样——要遂行两栖突击作战，还因为它位于登陆场的最右（西）翼。请注意，它的配属分队中包括第 6 特种工兵旅一部：

第 116 团级战斗队，诺曼底奥马哈海滩

第 116 步兵团主团部

第 116 步兵团候补团部

登艇队已经上船，这艘 LCVP 正准备上路。在它的船尾后方，另一艘登陆艇打开了其艏门跳板的活动窗，以便舵手观察前方，而前景中这艘登陆艇的跳板活动窗是关闭的。这些士兵可能要冒着飞溅的浪花熬过漫长的几个小时，才能上海岸。

第 116 步兵团第 1 营

第 116 步兵团第 2 营

第 116 步兵团第 3 营

第 116 步兵团反坦克连

第 116 步兵团加农炮连

第 116 步兵团医疗分队

第 5 游骑兵营

第 2 游骑兵营 A、B、C 连

第 58 装甲野战炮营（105 毫米炮）

第 104 医疗营

第 111 野战炮营（105 毫米炮）

第 112 战斗工兵营

第 121 战斗工兵营

第 146 战斗工兵营（编为 4 个战斗队）

第 149 战斗工兵营（滩勤队）

第 467 自动高炮营

第 743 坦克营

第 81 化学营（摩托化）B 连

第 461 两栖运输车连

第 6 特种工兵旅分遣队

第 29 通信营分遣队

步兵营也会进行类似的任务编组，编为营级登陆队（简称 DLT）。配属于团级战斗队的各种单位不一定会在拆分后配属给营级登陆队，大多数单位仍然由团级战斗队控制，一些小分队可能根据需要会配属给营。一个营级登陆队可能包含一个团属反坦克炮排，也可能包含一个工兵排（往往会组成若干个携带炸药的破障小组）。有时营级登陆队还会配属坦克排和自动高炮排，以及岸勤和滩勤通信组、岸勤火力控制队和对空联络队。另外，不同编组的差异很大，在一个团级战斗队中，只有两个突击营会被编组和加强为营级登陆队，而作为预备队的营仍然

一辆 105 毫米 M7B1 自行榴弹炮涉水上岸。该炮是装甲师下属炮兵营的制式装备，有时配属于步兵师的独立炮兵营也会装备它，将它作为突击炮使用，支援该营所属的团级战斗队。

保持标准编组。在诺曼底，一个典型的营级登陆队包含一个步兵营、一个105毫米榴弹炮营、一个双重驱动（简称DD）谢尔曼坦克连、两个战斗工兵连、一个医疗分队和一个滩勤队：

典型的营级登陆队，诺曼底

营部和营部连

三个步兵连

重武器连

医疗分队

坦克连（欠一个排）

化学迫击炮连（大部）或排

战斗工兵排（1—2个）

前进观察员组

海军火力控制组

当然，最先上岸的几个波次都是加强了爆破和清障分队的步兵突击队。这些突击队虽然装备精良，但仅携带轻武器——因为美军认识到，他们首先可能需要涉水或游泳上岸，然后再克服海滩上的障碍，接着需要快速穿越无遮无掩的滩头，最终才能杀入敌军防御阵地，并击退反击敌军。较重的武器（大炮、反坦克炮和装甲车辆）将在后续波次中登陆，届时滩头应该已被控制，障碍区和雷场中已经开出通道，以便它们向内陆前进。（如果它们冒着敌军炮火和空袭挤在海滩上，则起不了多大作用。）

登艇队

为了遂行登陆作战，步兵连要编为若干个登艇队。因为突击登陆艇——人员登陆艇（跳板）[简称LCP(R)]、突击登陆艇（简称LCA）、LVP和LCVP——只能搭载30多人，而一个步兵排有41名官兵，还没算上配属的人员，所以不可能把他们全都塞进一艘登陆艇，而如果他们分开乘坐多艘登陆艇，那么指望他们上岸后立刻整合成一个集体是不现实的。合理的做法是把他们编组成若干个自给自足的登艇队（也可称为突击小队），让他们各自为战，直到在战斗间歇中或夺取最初的陆上目标

在英格兰的韦茅斯（Weymouth），第 2 游骑兵营的一个突击小队坐进一艘英国 LCA 带防护的船舱，他们准备在 1944 年 6 月 6 日穿越英吉利海峡，突击奥克角（Pointe-du-Hoc）。照片左侧有一个 BAR 射手，右侧有一个巴祖卡火箭筒射手。

后重新组成排和连。

按照正常的编制，一个199人编制的步兵连包含一个连部；三个步兵排，每排含一个排部和三个12人编制的步兵班［每班配备一支勃朗宁自动步枪（简称BAR）］；一个机炮排，下辖一个机枪分队（配备2挺7.62毫米机枪）和一个迫击炮分队（配备3门60毫米迫击炮）。基本上，参与突击队的单位至少必须满员，考虑到不可避免的伤亡，有时还要增加额外人员。

为了实施登陆战，一个连要编成6支登艇队（突击小队），每支登艇队又细分为由步枪手、BAR射手、剪线手、爆破手、六零炮手、火箭筒射手和喷火器操作员组成的专业小组（详情见插图“突击登艇队，1944年6月6日，诺曼底”）。第7艘登陆艇搭载该连的指挥组和配属人员，后者包括炮兵前进观察员、医疗兵、破障组以及后续登陆部队的向导和联络人员。营机炮连有两个机枪排（配备4挺7.62毫米M1917A1重机枪）和一个迫击炮排（配备6门81毫米迫击炮）。

通常一个营的第一波突击队包括两个步枪连，机炮连和作为预备队的步兵连及营部则依次跟进。此外，可能还会有一个突击队指挥小组跟随作为先锋的突击连队行动。另外，预备队连需要编组为登艇队，以便随时替换某个先锋连，或者应对在登陆时可能遇到激烈抵抗的情况。在后续波次中，反坦克炮、坦克、工兵、医疗分队、通信分队、团属预备队营、大炮和自动高炮都将登陆。团属预备队营通常会保持标准编制，以便在登陆后立刻整体投入战斗。

游骑兵营在大部分登陆战中发挥了重要作用。游骑兵营是仿效英军的突击队（Commandos）组建的，本质上是专门进行袭扰战的两栖战部队，一旦上了岸，他们作为打了就跑的轻步兵，所起的作用是辅助性质的。他们常常被用于主力登陆场的侧翼，负责压制机枪阵地，或夺取偏远的关键地形。他们参与的两栖突击作战如下：

第1游骑兵营——北非；

第1、第3、第4游骑兵营——西西里岛、萨勒诺、安齐奥；

第2、第5游骑兵营——诺曼底。

空降兵则提供了一种支援两栖登陆作战的宝贵能力。[2] 在早晨的两栖登陆

美国陆军的两吨半 DUKW-53 两栖运输车具有不可估量的价值，该车辆既可将物资和装备运送上岸，又可将它们直接送到陆上的堆场。这种车辆经常被用于运输 105 毫米榴弹炮，以及保证这种火炮的弹药供应。这张照片是在地中海的某次盟军联合登陆作战中拍摄的，英军操作的“鸭子”在一艘物资运输舰边排列成行，接收悬吊而下的 105 毫米弹药。

发动之前，伞降和机降部队会借助夜色先期潜入。他们的任务多种多样，但通常涉及夺取关键地形（桥梁、堤道、交叉路口、山丘、制高点等），以协助两栖战部队向内陆挺进。另外，他们还会伏击和袭扰前来增援海滩守军或反击的敌军部队。由于空降兵经常在广阔的区域中分散行动，他们还会利用机会攻击任何有价值的目标，例如分散的敌军分队、大炮和高射炮阵地、指挥所、后勤设施和运输车队。

军级部队会得到大量工兵、高炮、通信、运输、军械、军需和医疗单位加强。等到滩头阵地稳固、开始积蓄突破兵力时，多余的单位会被转给后续的军级和师级部队。另外，专用于两栖战的单位将协助兵力集结和后勤工作，或者被撤到后方用于别处。有些单位会被分配到工程和运输任务中，以协助同类单位工作。

专业训练

登陆部队的训练颇受重视。1943 年，为了准备诺曼底登陆，美国海军在英国建立了八个大型两栖战训练中心和众多小型基地，用于训练船员和维护登陆舰艇。美国陆军则在英国西南海岸德文郡的伍拉科姆（Woolacombe）建立了突击训练中心。这个突击训练中心本身的工作人员约 2000 人，另有由 2700 人组成的支援和教导部队，其中包括第 156 步兵团。另外，还有近 800 名海军人员提供登陆艇支援。该训练中心开展从单兵到团级的训练，登陆训练则在伍拉科姆沙滩的广阔滩头进行。此外，该训练中心设有炮兵靶场，爆破手和两栖运输车的训练场地。大规模的演习和演练会在斯拉普顿沙滩（Slapton Sands）进行。

专业装备

履带式两栖登陆车（简称 LVT，又名两栖牵引车、两栖车）曾被大量部署于太平洋，但在欧洲和地中海战场仅得到有限的使用。按照原先的设想，它们应该作为货运车辆，穿越珊瑚礁和滩头将物资从货船上运到岸上。然而，在 1943 年 11 月的塔拉瓦环礁登陆战中，美军发现履带式两栖登陆车是运送突击队穿越登陆艇无法穿越的珊瑚礁的理想选择，而且它还能为部队提供一定的防护。从此以后，一个承担两栖突击任务的师会配备多达 400 辆的两栖登陆车和两栖坦克，用于运送突击波次上岸。

一辆 M4A3 谢尔曼中型坦克的车组成员已经给他们的坦克安装了 MT-3 涉渡改装件，此时他们正在安装 MT-S 涉渡套件的排气管，在坦克前方的进气管已经安装完毕。随附的 T-O 防水套件包括密封胶和胶带、油漆、刷子和电焊棒——为车辆进行涉渡准备需要花费几个小时。完成准备后，车辆的作战性能会大打折扣——炮塔不能旋转，主炮也不能俯仰，否则就会破坏密封。在车辆上岸后，可以按动开关就能通过内置爆破索炸掉一部分密封，还可以通过快速解脱索抛弃通气管，但去除所有改装件还是要花费多达一个小时。另见插图“LCM 和装有涉渡套件的谢尔曼坦克”。

常有人质疑为何两栖登陆车在欧洲和地中海战场没有得到类似的运用，这是多种原因导致的。首先是车辆的可用数量不足，必须优先满足太平洋战场的需求，因为那里的岛屿无一例外被宽阔的珊瑚礁带环抱，因此常规的登陆艇在那里寸步难行。而在地中海和英吉利海峡，登陆艇可以直接冲上水际滩头。其次，日军占据的太平洋诸岛往往以水际滩头作为防御重点，这与地中海敌军的岸防策略不同。最后，最重要的因素是地中海和英吉利海峡的海情，那里的风浪往往超过低干舷的两栖登陆车所能应付的程度，而太平洋的大部分登陆战是在比较平静的环礁潟湖或岛屿背风侧进行的。

不过，两栖登陆车在欧洲和地中海战场确实有过一些使用记录。北非登陆

诺曼底科莱维尔（Colleville），D + 1 日：一辆还装着涉渡改装件的 M4A1，不过通气管已经被卸掉了。这辆谢尔曼是美军第 1 装甲师第 741 坦克营 A 连的 A-13 号车“艾德琳二世”，它曾在 6 月 6 日上午的诺曼底海滩支援过第 1 步兵师第 16 团级战斗队的步兵。在这张照片上，它的悬挂系统挨了一发 50 毫米反坦克炮弹，正由一辆 M31B2(T2) 抢救车拖曳。

即使有涉渡套件，对坦克来说，涉水上岸始终是危险的，很容易遇到隐形的障碍或暗藏杀机的地面。这辆第 70 坦克营 C 连的谢尔曼从搁浅在高潮水位线以下的 LCT 上驶下，却在上岸途中陷进了一个被水淹没的弹坑。

第 70 坦克营 A 连的一辆 DD 谢尔曼被反坦克炮击中，击中地点在犹他海滩后方的 2 号出口道路，它是从该海滩经洪泛区前往内陆的狭窄堤道之一。DD 坦克上岸后，车体周围的帆布浮力围裙就会立刻折叠起来。有一些拍摄于诺曼底的照片显示，许多坦克兵一有机会就会把围裙砍掉丢弃［参见插图“M4A1 谢尔曼双重驱动（DD）坦克”］。

战中，曾有三辆 LVT(1) 被送往当地试验，但这些尚处于研发中的车辆遇到了严重的机械问题。虽然 LVT(2)（绰号“水牛”）不曾被用于两栖突击，但仍有少量车辆在荷兰和比利时被用于渡过洪泛区，并且还曾被用于横渡莱茵河和其他河流。有极少数这种车辆曾在诺曼底被作为支援车辆使用，由两栖运输车单位操作。陆军的两栖车营中，除了在日本投降之后组建的那几个营以外，全都不曾在欧洲作战。

M29 和 M29C“黄鼠狼”式运输车从 1943 年起作为辅助支援车辆服役，M29 可以在战地改装为两栖模式的 M29C[C 代表改装（Conversion）]。这些小型车辆主要用于穿越困难地形将弹药和物资运输到前线部队，而不是用于两栖突击。[英军有时会在两栖登陆战中用它们运输电台之类的重型物品，例如 1944 年 11 月瓦尔赫伦（Walcheren）岛的“痴迷”行动就是如此。]

一种得到极高评价的车辆是绰号为“鸭子”的 DUKW-353。[3] 这种两吨级的运输车在 1943 年投入使用，实战证明它的意义非凡，该车能够将班组操作武器、弹药、物资通过海滩运送上岸，并将它们送至所需地点。它在水上的速度能达到 6 英里 / 小时，在岸上能达到 50—55 英里 / 小时。一个两栖运输车连下辖两个排，每排装备 24 辆“鸭子”，此外连部还拥有两辆。“鸭子”首次用于实战是在 1943 年 7 月的西西里岛登陆中。

涉渡套件可以让坦克、抢救车、自行火炮和火炮牵引车涉过数英尺深的海水上岸，或者横渡较浅的河流。这类套件中包括用于密封各种小开口和缝隙的材料。从吉普车到 10 吨大卡的各种运输车都可以加装涉渡套件，其中包括加长的进气管和排气管。

M4 谢尔曼中型坦克和 M5 斯图亚特轻型坦克在北非和后续的登陆作战中配备了双重涉渡通气管。在风浪不大的前提下，它们依靠这种装备可以在几乎淹没炮塔的海水中行驶。在诺曼底战役中还推出了一种新的坦克，即双重驱动（DD）两栖 M4 坦克，有关讨论见插图“M4A1 谢尔曼双重驱动（DD）坦克”的解说。

清障条令

有人批评美军未能利用特种坦克进行破障工作是一大“失误”，英军则与此形成对比。英军第 79 装甲师的“霍巴特滑稽剧团”拥有装有引爆地雷的旋转链式扫雷具的谢尔曼“螃蟹”坦克、装有喷火器的丘吉尔“鳄鱼”坦克、装有290毫米破障炮的丘吉尔皇家工兵装甲车（简称AVRE），还有一些特制的丘吉尔坦克能够铺设帆布车道、钢桥和柴捆，以供部队通过防波堤和反坦克壕。美国陆军的政策是避免组建过度专业化的部队，除非有绝对必要。他们认为与其组建专业的部队，不如为常规部队提供针对任务的装备和训练，或为其加强额外的专业装备。一旦任务完成，这些专业装备就会被收回，以便部队恢复正常的装备和任务。在诺曼底，美军和英联邦军队根据各自通过试验和演示得出的结论，以不同方式部署了特种车辆和破障单位。

这一切只能证明没有一种放之四海皆准的军事学说。

美国第1集团军规定：

1. 在集团军指挥下，得到战斗工兵加强的海军战斗爆破队负责使用人工放置的炸药爆破临海的障碍。

2. 师属工兵负责从高潮水位线开始的内陆区域，为本部的突击梯队在雷场中开辟通道、突击火力点和爆破防波堤。

3.DD坦克将作为滩头突击队主要的近距离支援火力来源。

但是美国第7集团军却规定：

1. 得到陆军工兵加强的海军战斗爆破队负责清除水下障碍。

2. 海滩上的障碍主要由工兵岸勤工作组负责爆破。

3. 由坦克推土机小队在雷场中开辟最初的突破通道，并炸开防波堤。

4. 初期的近距离支援火力由从LCM登陆的坦克和DUKW运输的火炮提供；将为有需要的特混编队指挥官提供DD坦克，作为通过LCM运输的火炮的补充。

5. 利用安装在坦克上的火箭炮对敌方火力点进行突击。

与此同时，英军的规定是：

1. 海军登陆艇清障队（每队1名军官加9名水兵）在皇家工兵协助下负责清除

这些带有 22 号措施迷彩涂装的 LST 已经空出船舱，正在装载货物。舷号为 1020 的 LST 和背景中的另几艘 LST 在船体侧面固定着 3×15 的浮箱栈桥。另外，陆军操作的极低高度（简称 VLA）拦阻气球经常会被拴在 LST 上用于防范对地扫射的战斗机，后者在意大利的战役中是一种切实的威胁。但是在诺曼底，滩头阵地稳固后它们就会被放飞。因为德国空军在低空的抵抗并不激烈，这种气球反而会对海滩上空飞行的盟军飞机构成威胁。

水下障碍。

2. 皇家工兵野战连在海军人员协助下，使用人工放置的炸药清除海滩上的障碍。

3. 特种坦克小队（即第 79 装甲师的坦克）用于通过高潮水位线以上的障碍——用链式扫雷具在雷场中开辟通道，用安装在坦克上或由坦克牵引的大型爆炸装置炸开防波堤，用工兵部队的 AVRE 坦克、火焰喷射器和坦克内部搭载的大型爆炸装置突击敌军火力点。

4.DD 坦克和第 79 装甲师的特种坦克的火炮为初期的步兵突击提供支援。

水下和滩头障碍的爆破是关键。种类繁多的水下障碍旨在阻碍或破坏接近滩头的登陆艇。为了减少滩头纵深，大部分登陆战都是在涨潮时发起，因此守军的障碍都会从略低于高潮水位线的位置向外布设，至少延伸至低潮水位线。守军会使用钢桁架、钢管和钢轨做成各种形制的障碍，并结合原木、锯材、混凝土和石

在诺曼底后续波次的士兵从 LCVP 涉水登岸，一些车辆停在水边，等待前方的障碍和地雷被清除。在画面左侧，一名士兵带着一具探雷器，右侧的另一名士兵则扛着一具巴祖卡火箭筒，上面还套着防水的塑料袋。某人钢盔后部涂着的白色横条表明他是一名士官，军官的钢盔上则会显示竖条（参见插图“突击登艇队，1944 年 6 月 6 日，诺曼底”）。

块制成的其他障碍物使用，并且障碍物顶端还可能装有地雷。此外，岩石露头、海涂、浅滩、沙洲和沉船残骸等天然障碍都会被整合到障碍布设计划中。

滩头障碍是为了阻碍和迟滞上岸的装甲车辆及人员的运动而设计的。带刺铁丝网障碍、反坦克壕、反坦克墙、反坦克及反步兵地雷都是常见的障碍。战前修建的防波堤对于需要离开海滩的车辆来说也是一种障碍，而在车辆克服防波堤后，海滩背后的复杂地形（沙丘、陡峭的海岬悬崖、岩石、茂密植被、冲沟、溪流、江河、运河、沼地和敌军特意制造的洪泛区）仍然会起到阻碍作用。此外，海军负责突破和清除高潮水位线以下的水下障碍，陆军负责突破高潮水位线以上的障碍并开辟通道。有时陆海军人员会组成联合破障组，负责突破沙丘线之前的所有障碍。

滩勤队和岸勤队

一旦部队成功登陆，岸勤队的支援必不可少。穿越海滩的后勤运输有着独特的挑战性，它不仅是两栖战中最困难的环节，也是战争初期最不成熟的部分，后勤运输随着整场战争的进展而不断发展完善。岸勤队的概念尤为重要，而且需要与陆海军各部门全面整合。

运抵登陆场的物资和装备很快就会造成拥堵和混乱，随着物资堆积如山，各支部队都会在日渐完善的滩头阵地争抢稀缺的空间。欧洲和地中海战场的登陆作战规模宏大，连续数周乃至数月内上岸的后续部队人数众多，因此必须迅速攻占并修复海港，使其恢复运作。除了海蜂队和海军基地运营单位，陆军也会提供由各种工程和运输单位支援的军需港务单位，负责修复和运营港口。另一些被发现利用率不足的单位——例如防化洗消连——也会被征用，负责承担物资的装卸任务。

最初，美军有两种组织参与登陆战的后勤工作，它们分别负责沙丘线以下和沙丘线以上的区域。滩勤队是海军的组织，由海滩勤务指挥官管理。滩勤队负责海滩侦察、标记海滩和危及航行的因素、清除障碍、选择物资堆场和部队露营地、监督人员和物资的卸载、修建登陆设施（滩头坡道、栈桥）、在堆场分类存储物资、管制滩头交通和登陆艇，以及管理伤病员和俘虏的后送。岸勤队是陆军的组织，由登陆部队指挥官领导。岸勤队要负责选择和标记深入内陆的路线、指定露营地和堆场、将部队和物资从滩头机动到前线，以及管理掉队人员和俘虏。这两种组

无数个 105 毫米榴弹炮的“三叶草”弹药箱沿着海滩露天堆放，一眼望不到边。在诺曼底，敌方空军的缺席使伪装失去了必要性，而在意大利并非如此。此外，“三叶草”弹药箱能装三发炮弹，在运输船上占用的空间略小于常规的方形弹箱。

一个草草搭建的地堡保护着这个海军滩勤工作组通信指挥所。地堡里装了一盏军舰上的闪光信号灯，旁边是一个喇叭，用于在人声鼎沸的滩头发布命令。照片中左边堆着一些备用的 M1 特屈儿炸药包，这是爆破障碍后剩下的。最左侧的水兵拿着一部 SCR-536 步话机。请注意海军人员钢盔上刷的一圈浅灰色识别带。

织都没有固定的结构，它们是根据任务需求由可用的人员和装备组建的。

在战前登陆演习中暴露的一大弊端是海军和陆军的勤务队各自为政，不出意料地造成了通信、协调和职责划分方面的问题。在 1941 年 8 月，陆战队的霍兰·史密斯（Holland Smith）少将建议将这两种组织整合为岸勤队，由登陆部队指挥官负责管理（因为岸勤队的任务是支援已上岸的部队）。为了防止抽调人手削弱登陆部队的战斗力，需要为岸勤队制定专门的工作细节。海军的海滩勤务指挥官应该被指定为陆战队或陆军岸勤队指挥官的副手。这一提议在 1942 年 8 月 1 日获得批准，刚好赶在瓜岛登陆和北非登陆前落实。

负责登陆艇卸载的人力必不可少。按照陆军最初的设想，应该由特种工兵旅舟艇团和岸勤团的岸勤营负责，但此类部队在欧洲和地中海战场为数寥寥。在实战中，多种其他类型的单位为装卸任务和其他岸上勤务提供了人力，其中

海军滩勤队的对岸火力控制分队被配属到执行突击任务的师，该分队任务是协调海军对岸炮击船队的舰炮火力支援。在奥马哈海滩，对岸炮击船队包括 10 艘驱逐舰，其中之一就是这张照片上的“汤普森”（USS Thompson）号（DD-627）驱逐舰，照片显示的是它在 1944 年 5 月通过“阿肯色”（USS Arkansas）号（BB-60）战列舰加油的场景。同年 6 月 6 日，为了支援被打得抬不起头的第一波突击队，美军驱逐舰冒险靠近海岸与德军火炮阵地交战。其中有些驱逐舰在离滩头不到 1000 码外、水深仅 3 英寻（约等于 5.48 米）的水域提供了火力支援。

包括战斗工兵营、运输队港务营和港务连（他们基本上就是专职的装卸工）以及海蜂队的特勤营。作为预备队的步兵单位偶尔也会被用于船只的卸载，但更多时候他们会随着滩头阵地的扩大而匆忙奔赴前线。战前演习中得出的经验法则规定，在滩头的每艘货船应该安排 100 人卸货。但实战得出的经验表明这个数字还应提高——每艘物资运输舰、人员运输舰和 LST 需要 150 人卸货，每艘 LCT 需要 50 人卸货，每艘 LCI 需要 25 人卸货。

通信

在岸上为两栖突击提供支援的最有价值单位之一是联合突击通信连（简称 JASCO）。这种单位是由“特种通信连”、航空联络队和海军对岸火力控制队自然发展而来的。上述几种单位在 1944 年年初被整合为联合突击通信连，由陆军、海军和陆军航空队人员组成。一个 406 人编制的联合突击通信连下辖一个连部、一个航空联络队、一个海军对岸火力控制队、三个滩勤通信分排和一个通信排。在诺曼底战役中，三个特种工兵旅各配属一个联合突击通信连（第 286 联合突击通信连配属给第 1 特种工兵旅，第 293 联合突击通信连配属给第 5 特种工兵旅，第 294 联合突击通信连配属给第 6 特种工兵旅）。联合突击通信连并不是以完整的连队形式作战的，因为海军对岸火力控制队和航空联络队都要分别配属给突击师（在组建联合突击通信连之前，都是由临时编组的航空联络队和海军对岸火力控制队支援突击师）。联合突击通信连负责协调和控制海军舰炮火力及近距离空中支援，并运作特种工兵旅的海滩控制通信系统。

登陆舰和登陆艇

欧洲和地中海战场必须与太平洋战场争抢两栖战的舰艇。虽然美国实行的是“对德优先”政策，但它生产出的此类舰船还是有许多被送到了地球的另一边。这种情况不可避免而且有绝对必要，因为太平洋战场路途遥远，需要通过船只运输的部队和货物数量庞大。另外，在欠发达地区维持兵力投入也耗资不菲。

攻击人员运输舰和攻击物资运输舰在欧洲和地中海战场上的使用规模不及太平洋战场。由于运输路途较短，许多情况下靠小型登陆艇就能在基地和登陆海滩之间往返。这样一来，就不必花费大量的时间将人员和物资装载到运输舰上，然后再将运输舰上的登陆艇放下，并让人员和物资进入其中。

最初，美军的攻击人员运输舰和攻击物资运输舰是由商船改造而来。但美军很快就以胜利轮和 C3 型货船为基础，建造了专门设计的舰艇。不同的舰艇在设计和载运能力上差别巨大。按照定义，被冠以“攻击”前缀的人员运输舰和物资运输舰必

哈里斯级攻击人员运输舰“亨特 · 利格特”（Hunter Liggett）号（APA-14）。首字母“A”按习惯在舷号中是被省略的，因此在照片中，船身上与前甲板室对齐的位置，依稀可辨的白色标识是“PA-14”。哈里斯级 APA 能搭载 22 艘 LCVP 和 4 艘 LCM(3)，最多可运送 1900 名士兵。

除了能搭载坦克、大炮和其他车辆，LCT 还能运输大量士兵。这艘 LCT(5) 似乎采用了浅蓝和海军蓝相间的迷彩涂装，这可能是被英军暂时使用后留下的痕迹。它下水时的舷号是 LCT-8，移交给皇家海军后舷号改为了 LCT-2008。后来，它被返还给美国海军并装上了装甲板，舷号又改为了 LCT-2008(A)。6 月 6 日，它在诺曼底失去了艏门跳板，但仍能航行。

须配备大量舰载登陆艇，而且能够在海上让这些登陆艇下水。这两个舰种是在 1943 年 2 月正式确立的，它们还拥有火力可观的舰载防空武器。相比之下，常规的人员运输舰（简称 AP）有些是由邮轮改造而来，物资运输舰（简称 AK）则基本是改造自商船，它们不搭载登陆艇，专门用于沿交通线运输人员、车辆、装备和物资。

攻击人员运输舰（简称 APA）通常能搭载 1000 多名士兵，其载货能力为 1000—5500 吨。以哈斯克尔级为例，它是用途最广泛的舰型之一，由胜利轮船体改造而来。它全长 455 英尺，除了能搭载 536 名船员外，还能搭载 1561 名士兵以及 2900 吨货物。哈斯克尔级 APA 舰上搭载的登陆艇包括 1 艘人员登陆艇（大型）[简称 LCP(L)]、22 艘 LCVP、1 艘 LCP(R) 和 2 艘 LCM(3)。它的舰载武器包括 1 门 127 毫米炮、12 门 40 毫米炮（一座四联装、四座双联装）和 10 门 20 毫米炮。

攻击物资运输舰（简称 AKA）能够运输大量货物，但也能搭载一些士兵——主要是车辆或大炮的操作人员，以便他们与其装备一同登陆。全长 459 英尺的仙女座级 AKA 能搭载 4500 吨货物以及 16 艘 LCVP 和 8 艘 LCM(3)。

在 1943 年，出现了专门设计的两栖指挥舰（简称 AGC），该舰由不同类型的船只改造而成，不过主要使用的是C2货船的船体。这类军舰上设置了额外空间，其中包括联合作战室、作战指挥室、编队指挥官控制中心、战斗信息中心、战斗机管制室、语音（无线电）滤波室、情报室、照片判读室、地图复制室和印刷所。此外，舰上还配备了额外的电台和雷达。美国海军的“麦金利山”（USS Mount McKinley）号（AGC-7）除了可容纳622名船员外，还可容纳441名指挥部人员。这类军舰可以搭载5—14艘不同类型的小型登陆艇。

登陆舰（简称LS）是航程相对较远的远洋舰种，能够将为数众多的车辆、物资和士兵直接运送到海滩。但是它们吃水较浅、航速较慢，因此航海能力受到一定限制。登陆艇（简称LC）是必须依靠运输舰运输和从运输舰下水的船只，它们的特点是吃水极浅，船舱为敞开式，而且带有艏门跳板。登陆舰和登陆艇都拥有强大的舰载火力，用于防空和提供火力支援，但为了减轻重量，从而减少吃水深度，它们的装甲都比较薄弱或者完全无装甲。1942年7月，美国和英国达成了一项关于登陆舰（艇舷号）的标准化协议，因此原有的美国登陆舰艇被赋予新的舷号。此后，美国舰艇舷号中出现的空缺号段是因为这些号段被分配给了英国设计的舰艇使用。

登陆舰和登陆艇的批量建造是一项浩大的工程。在1942年下半年，美军还只有一些原型舰艇。直到1943年年中，新型舰艇才开始陆续出现在地中海和太平洋上。最终美国建造了66000多艘各种型号的登陆舰艇。（有关主要型号的基本数据，请参见插图“登陆艇”的解说。）

截至1940年，美国海军除了拥有少数人员运输舰外，没有任何有效的登陆舰艇或其他两栖战舰艇。此前美军曾使用军舰上搭载的小船和救生艇登陆，但事实证明，这种做法完全不能满足突击部队的需求。此外，除了数量远远不够的驳船，美军也没有任何船只能用于运送坦克、大炮和其他车辆登陆。在20世纪30年代，海军和陆战队使用各种船只开展了试验，但事实证明它们全都不能满足需求，甚至会带来危险。转机出现于1939年，新奥尔良（New Orleans）的希金斯工业公司的安德鲁·希金斯（Andrew Higgins）提出了一种为抢滩而设计的浅吃水小艇方案，即“尤里卡”艇。海军发现希金斯的设计方案明显优于他们自己提出的糟糕设计方案，因而恼羞成怒，但他们最终屈服于现实，在1941年采用了尤里卡艇，定名为人员登陆艇（简称LCP）。这种登陆艇全长31英尺，有一个无跳板的圆钝船头，并能够搭载18名士兵。此前运输舰上的吊艇架只能吊放30

在诺曼底登陆战中，首次使用了由较大的登陆艇改装的火箭艇，承担近岸火力支援任务。照片上的这些三号坦克登陆艇（火箭）[简称 LCT(R)(3)] 能携带 1094 发 127 毫米弹幕火箭，该艇以固定的 45 度仰角发射炮弹，射程为3500码，但其射击精度无法预测。在奥马哈海滩，9艘LCT(R)在第一波部队登陆前就使用弹幕火箭轰击了滩头，但毫无准头的炮弹所产生的战果令人极度失望。

英尺长、全重5吨的小艇，但是海军当时正在建造的新型运输舰能够吊放更重的长36英尺的小艇。从1941年9月起，LCP被与其相似的LCP(L)取代——“L”代表“大型”——这是一种全长36英尺的登陆艇，能够搭载36名士兵。另外，在1942年7月前LCP(L)被称为Y艇。

1941年年初，陆战队向希金斯展示了一张带有艏门跳板的日军登陆驳船的照片。照片中的就是日本在20世纪20年代后期研制的“大发”艇（长49英尺，可搭载100—120名士兵），它的设计比同时代的其他舰艇都要先进。美国海军起初反对采用这种设计，因为LCP(L)已经开始量产，他们觉得再设计一种登陆艇毫无必要。因此，海军舰船局只对LCP(L)的设计略做了修改，增加了一条穿过船头的舷梯和一个小跳板，这就是人员登陆艇（跳板）。但是这个小跳板无法让轻型车辆或带轮子的武器通过。与此同时，希金斯设计了一种带跳板的新型登陆艇，它能够搭载吉普车或一吨卡车、反坦克炮或尺寸与此相似的装备。这就是车辆登陆艇（简称LCV）。不过，它很快又被新设计的人车两用登陆艇（简称LCVP）取代。同时LCVP还取代了LCP(L)，不过后者仍被军方用于特殊用途，例如充当指挥艇。此外，LCVP成为二战中产量最多的登陆艇。LCVP比LCV重，运货能力则略逊一筹，但它的设计在先前型号的基础上做了大量改进，例如设计为能够在运输舰上嵌套（堆叠）。由于LCVP的数量不足，由英国制造并提供给船员的突击登陆艇（简称LCA）经常被用于运送美军登陆。它的性能与LCP(R)大致相当，但有着颇为出色的防护。

为了运送坦克、大炮、其他车辆和大宗货物，美军还需要更大的登陆艇。经过对众多设计的测试，美军最终在1942年选定了两种方案：舰船局的二号机械化登陆艇[LCM(2)]，用于运送轻型坦克；更大的希金斯LCM(3)，用于运送中型坦克。这两种登陆艇也被作为多功能登陆艇使用，LCM(3)则是能够用吊艇架吊放的最大登陆艇。此外，在运输舰上，可以将一艘LCVP嵌套在一艘LCM里面。LCM(2)出现不久就被LCM(3)取代。在1943年，LCM(3)的后续型号LCM(6)出现了，它就是在LCM(3)船体上增加了一个6英尺长的舯部分段。LCM(6)通常搭载于船坞登陆舰或LST上，它的内部还可以嵌套较小的登陆艇。另外，大部分攻击运输舰能够搭载6艘或8艘LCM。

为了在后续波次中一次运送多辆坦克登陆，美军还需要更大的登陆艇。舰

带着沉重行囊的士兵们准备登上 LCM(3)。在诺曼底登陆战中，大部分 LCM 是依靠自身动力而不是搭乘运输舰穿越英吉利海峡的。这些士兵显然是属于支援部队，因为他们装备的是 M1903 栓动步枪，而不是步兵的 M1 加兰德半自动步枪。请注意照片中卷成捆的木栅和粗麻布，那是铺在地上作为车道使用的——另见插图“穿越海滩的车行道”。

船局设计的五号坦克登陆艇 [LCT(5)]（在研发期间被称为 TLC）在 1942 年下半年被采用。1943 年推出的 LCT(6) 则是战争期间美国建造的最大的登陆艇。它和 LCT(5) 可以搭载于 LST 上，LST 通过向一侧压载水舱注水造成侧倾后，LCT(5) 和 LCT(6) 就能从 LST 的舷侧下水。LCT 内部可以搭载一艘 LCM，而 LCM 内部还可以搭载一艘 LCVP。LCT(5) 和 LCT(6) 还可以分成三段放在较大的舰船上运输，然后在水中组装——一艘 LST 能够搭载五个这样的分段。

部队还需要能够运输坦克的更大抢滩舰船，于是二号坦克登陆舰 [简称 LST(2)] 应运而生。尽管 LST(1) 是英国人设计建造的，但实战证明其性能不尽如人意，因此应英方请求，美国人重新设计了 LST，并在 1941 年年底投产。第一

这是从一艘 LCT(6) 船尾拍摄的照片，该艘 LCT(6) 在装上一批吉普车和拖车后，从一艘 LST 驶离。LCT(6) 带有可拆卸的船尾板。照片中这艘的船尾板就已被卸下，这样一来，在 LCT 倒退接上 LST 的艏门跳板时，车辆就可以开到 LCT 上。可拆卸的船尾板还使得多艘 LCT 能够首尾相连，在 LST 和海滩之间形成 LCT“堤道”，可以让车辆直接开上海滩。

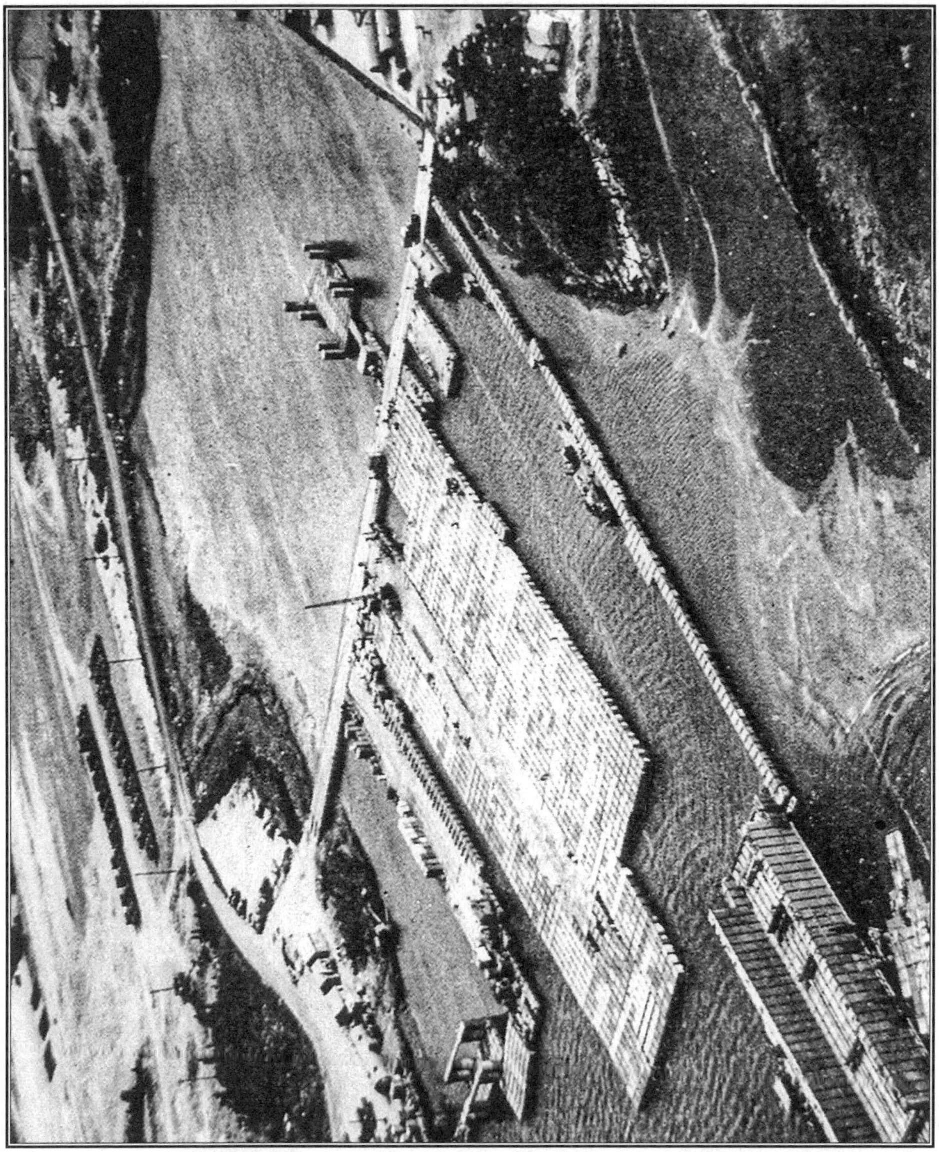

海军在罗得岛州戴维斯维尔（Davisville）的先进基地试验场研发浮箱。这张照片上可以看到各种浮箱设施，包括（前景左侧）一个浮式干船坞。到了 1944 年，已经有 31 种标准浮箱装置，包括驳船（3×7、3×12、4×7、4×12、5×12、6×18 和 10×30 个浮箱组成）、栈桥（3×15、2×30）、栈桥凸台（4×12）、指形突码头、水上飞机下水坡道、维修突码头、小型浮式干船坞（7×30）、油槽驳船、75 吨浮式起重机、自带动力的“犀牛”渡船（6×30）、“犀牛”绞滩拖船和栈桥拖船（3×7）、修理驳船（6×40）、布网船和 PT 鱼雷艇维修平台。浮箱组成的渡船和驳船由舷外发动机提供动力，可用作货物和车辆运输驳船，以及停泊在近岸水域的登陆艇加油驳船。在这些驳船上还可以安装起重机、钻井架和其他重型设备。

LST-357 上的一辆两吨卡车开上一座浮箱栈桥。这些浮箱是以分解状态从海外运来的，并在后方基地进行组装。在有利的海况下，它们可以组成长达一英里的栈桥。这种栈桥对于两栖战有不可估量的价值，因为它可以让 LST 和其他大型舰船在深水区卸下车辆。

艘 LST(2) 在 1942 年 12 月入役。[4] 为了使平底的 LST 能够远渡重洋，在航行时船员会向它的压载水舱注水以增加吃水深度，在接近海岸时则会排出压舱水。LST 的设计使它能够在坦克甲板上搭载多达 30 辆坦克，较轻的车辆则搭载在露天（干舷）甲板上。LST-1 至 LST-512 号在露天甲板和坦克甲板之间安装了一部升降机，但从 LST-513 号起（LST-531 号除外）这一设计被改为了内部坡道。事实证明，这样可以更快地将下层甲板的货物转运到上层，然后再通过艏门下船。LST 在欧洲和地中海战场的首次实战应用是在 1943 年 7 月的西西里岛登陆战。除坦克外，LST 还运输了各类车辆、重武器和大宗货物，甚至还充当了人员运输舰。而且，该登陆舰还能够搭载“鸭子”，并让其通过舰艏下海。有些 LST 经过改装后，能够运输超过自身长度两倍的浮桥分段，这些浮桥分段用于搭建通向海滩的栈桥延长坡道。LST 在生产中进行过众多改进，包括增加舰载武器，重新设计甲板布局以便搭载一艘 LCT 或更多车辆，以及加高指挥战位以免被甲板上搭载的 LCT 遮挡视野。在西西里岛登陆前，由于缺乏能携带 LCVP 的突击运输舰，72 艘 LST 各安装了六副吊艇架，以便搭载额外的登陆艇。

步兵登陆艇（大型）是英国人在 1942 年研制的，原本的设想是用它运送特种部队穿越英吉利海峡，但后来被用于运输后续登陆波次的连级单位。这种登陆艇没有采用常规的艏门跳板，而是在船体侧面安装了两个狭窄的人员舷梯。LCI 的设计使其只能搭载士兵，而不能搭载货物或车辆。早期的 LCI 采用了方形的桥楼，从 1943 年 5 月完工的 LCI-351 号开始，改进的后期型号采用了圆形的“城堡”式桥楼并增大了甲板室，可搭载的人员数量也略有增加。从 LCI-641 号开始，大部分在 1944 年 5 月以后完工的 LCI 去除了舷梯，安装了艏门和跳板，这使它们能够搭载货物或数辆吉普车。

在美军中服役的英国建造舰船还包括步兵登陆舰（中型）和（小型）[简称 LSI(M)/(S)]。这些登陆舰类似于美军以驱逐舰改造的运输舰，是由扫雷舰和其他舰船改造而来。它们通常能搭载 8 艘 LCA 和 250—350 名不等的士兵，一般用于运输游骑兵和其他小单位。

许多 LSM 和 LCI 在建造过程中就接受了改造，它们以各种组合方式加装机枪、20 毫米和 40 毫米机关炮、76 毫米和 127 毫米炮，以及 114 毫米和 127 毫米多管火箭炮，用于承担火力支援任务。这些改造型号包括机械化登陆舰（火箭）[简称

LSM(R)]、步兵登陆艇[(火炮)和(火箭)][简称LCI(G)/(R)],以及LCT(R)。此外,舰载武器的组合方式多种多样,例如LCI(G)就有八种舰炮配置方案,有些加强火炮的LCI(G)还配备了火箭炮。这些较大的火力支援船直到诺曼底登陆战才首次投入实战。另外,皇家海军的火力支援船在地中海仅被少量使用,而且并未参加那里的所有战役。此外,支援登陆艇(大型)[简称LCS(L)]是在LCI基础上专门建造的炮艇。支援登陆艇(小型)[简称LCS(S)]是由LCP(L)改造而来的,它安装了多挺机枪(有时还安装火箭炮),用于近岸火力支援。

1943年在策划西西里岛登陆时,盟军就发现与海滩平行的浅沙洲使LST无法抵达水际滩头。因此,他们研制了浮箱栈桥以填补差距。海军船厂和船坞局在1939年就研制了统一尺寸的矩形浮箱,这些浮箱可以组装成各种浮式结构。标准浮箱的尺寸为5英尺×5英尺×7英尺,重量为一吨。另外,未加负载的浮箱吃水深度仅16英寸,而且能够承托10吨负载。其他组件包括带倾斜船头的浮箱和两段式楔形斜坡浮箱。这些浮箱可以通过被海蜂队称为“珠宝”的配件紧固在一起,还可以通过用螺栓固定的长钢条成串连接,组成更大的结构。另外,由浮箱组成的渡船可以在船尾安装大型舷外汽油发动机以提供动力。

在地中海,可用的浮箱数量往往不够,因此部队会对LCT(5)进行改造,切开其船舷,铰接一个舷侧浮箱分段。LST放下艏门跳板,改造过的LCT停靠在LST的船头,与其形成直角。坦克从LST开进停靠的LCT中,然后另一艘LCT放下其跳板,架在停靠的LCT已经放下的跳板上。此时坦克可以做一个90度转弯,并开到放下跳板的LCT上,由其运送上岸。这是一个很费时间的过程,但是在浮箱栈桥短缺的情况下是必不可少的操作。另外,后期LCT(6)可拆卸的船尾板也是为了同样的目的而设计的。

指挥艇是不可或缺的,它的作用包括组织登陆艇编组、提供导航、控制登陆艇集结和靠近海滩的过程,以及协调登陆后的物资和兵员的运送、伤员疏散以及其他许多活动。猎潜艇(简称SC)、巡逻艇(简称PC)和小型登陆艇都可以承担这一角色。美军造过专用的指挥艇,例如一号指挥登陆艇[简称LCC(1)]。这种艇长56英尺,装有通信、导航和水道测量设备,LCC(1)的艇员为14人,舰载武器包括三座双联装12.7毫米机枪。后期的LCC(2)艇身较窄,艇员为9人,装备有两挺12.7毫米机枪。

指挥、控制与组织

在美英两军的高层——需要两国军队联合进行战役策划的战区和集团军群级别——存在广泛的冲突，涉及军事学说、指挥实践、参谋程序和军队传统等多个方面。美军采用统一的指挥安排，尽管美国的各个军种并没有联合作战学说，但他们意识到作战成功的前提是号令统一。发号施令的总指挥必须有权做出和批准所有决策，并控制所有单位和资源（包括那些属于其他军种的）。较低的级别——野战集团军和舰队及以下级别——的总指挥必须拟定具体的安排并进行协调。作战行动的联合策划很复杂：陆军、海军和陆军航空兵（后者实际上已经是一个独立的军种，而且正在发展自身的军事学说）都有各自的能力、局限和需求。

英军不仅缺乏有效的联合作战学说，而且他们迟迟没能实现号令统一，最后是被日趋复杂的战争逼着实现的。此前他们的三大军种一直是各自设立参谋部，并通过委员会的形式进行策划和协调。实际上，在作战计划和问题领域都是他们协商决定的。

突击队登船后，登陆艇将在指定海域组队兜圈，直到接到前往出发线的命令为止。这张照片显示了诺曼底登陆的D日场景，众多LCVP在西部海军特混编队旗舰“奥古斯塔”（USS Augusta）号（CA-31）重巡洋舰的注视下驶向岸边。请注意波浪起伏的海面，此时浪高3—4英尺。此外，部队将要航行12海里，每个人都领到了晕船药（它有很麻烦的副作用）和两个呕吐袋——突击队的大部分战士在驶向岸边的过程中饱受晕船之苦。

从作战命令中就能看出美英两国的差异。美军的作战命令使用标准格式，按标准的作战程序指定惯常和重复性的行动。命令中会简明扼要地分配任务，并规定任务的目标，还会尽可能多地提供已经掌握的情报。任务会说明部队要做什么，什么时候做，但是并不规定怎么做——这是由下级指挥官来决定的。他们将运用自己的判断、经验和资源，在作战计划界定的范围内，以他们认为合适的方式完成任务。上级指挥机关将根据下级部队的需求提供资源和增援部队，以便其完成任务。因此美军的作战都是快节奏的，要求部队有足够的灵活性和主动性。

英军下发的作战命令复杂而详细，没有固定的格式。下级单位必须向上级指挥机关说明自身能力和面对的情况。上级指挥部门会不厌其烦地规定常见程序的细节，这经常会造成延误。此外，计划被频繁修改，而且总体而言并不可靠。

离岸区域

随着军事学说的发展和实战经验的积累，两栖突击作战的控制措施和组织形式发生了很大变化。这些内容在条令文本中仅有浅略的描述，它们在战争期间不断演变，需要根据每次作战的需求定制。

美国海军为支援登陆的舰船指定了各种海上区域，这些区域都要由先期抵达的扫雷舰艇进行清扫。“运输舰区”离岸数千码至五海里不等，处于大部分岸防炮射程之外，但离岸距离足以大大缩短登陆艇的往返时间。这可以为它们节省燃油，让它们在需要加油前进行更多次往返，并减少部队暴露于敌军炮火和船员晕船的时间。运输舰区——可以单设一个集中区域，也可以在每片海滩各设一个区域——要足够大，以便船队在遭到空袭时能散开队形。登陆艇在海上也需要编组的空间，它们会一边兜圈，一边等待其他登陆艇从母船接到部队以及“登陆部队上岸”的命令下达。登陆艇发起突击的出发线通常会设定在离岸数千码至两海里的位置[不过在诺曼底，第一波部队登艇时离岸25000码(约12海里)]。另外，指定的登陆艇航道一直延伸到登陆滩头。

“LST区”离岸较近，LST会在其中待命，等突击队控制滩头阵地后才会靠岸。它们还会在这一区域中下水和回收“鸭子”两栖车。其他待命区域则是为LCI和LCT指定的。对于较大的登陆艇，可能会指定出发线。

带编号的“火力支援区”是为战列舰、巡洋舰和驱逐舰指定的，通常位于运

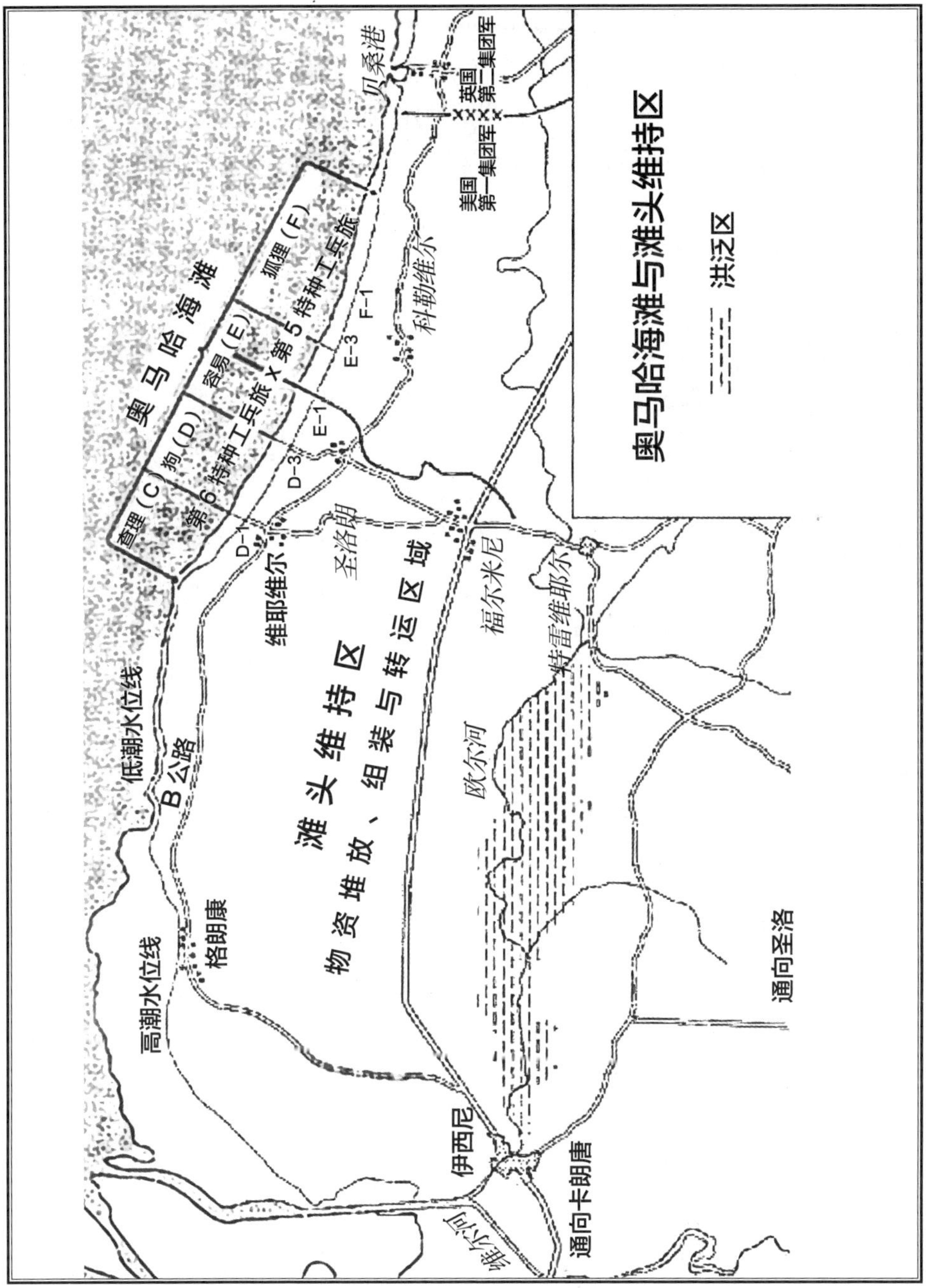

这张诺曼底奥马哈滩头的示意图显示了容纳物资堆放、组装和转运区域、指挥所、野战医院、预备队、炮兵和高炮阵地所需的地域有多大——在这张地图上至少是 9 平方英里。

输舰区的侧翼。战列舰和巡洋舰可能位于比运输舰离岸更远的位置，它们的炮火会越过运输舰的上空。近岸的区域和航道则是为各种火力支援艇指定的。此外，对于每个执行特殊任务的船队，也会指定具体的区域，例如救捞船队区。对于运输舰和火力支援船，可能在离岸较远处指定“夜间隐蔽区”，给它们提供躲开攻击和避免碰撞的机动空间。另外，在进攻部队占据的海域周围可能会建立由驱逐舰和巡逻艇组成的防护幕，以拦截敌方的潜艇、鱼雷快艇和空袭。

登陆海滩

海滩以颜色加数字或字母加数字的方式指定代号。欧洲和地中海战区使用的系统不如太平洋战区标准，而且不同时期有所变化。在北非登陆战中，使用的是战前的系统，两处或以上相邻海滩会被指定为红、红二之类的代号。后来为了避免误会，所有被指定相同颜色的海滩都从“一”开始编号。但是在西西里岛，某些编号为“二”的海滩被添加在侧翼，它们并没有和相同颜色的主海滩相邻。在西西里岛三个登陆场的海滩如下（在陆地上面向大海，从左到右排序）：

在利卡塔是红、绿一、绿二、黄、蓝；
在杰拉是红、绿、黄、蓝、红二、绿二；
在斯科利蒂是红、绿、黄、蓝、绿二、黄二。

这还是容易造成误会，因此从安齐奥登陆战开始，相邻的海滩都被编成一组，以代表字母的单词加颜色作为代号，例如在诺曼底：

奥马哈海滩——“狐狸”（Fox）红、“狐狸”绿、“容易”（Easy）红、“容易”绿、“狗”（Dog）红、“狗”白、“狗”绿、“查理”（Charlie）；
犹他海滩——“大叔”（Uncle）红、“大叔”绿、“皮重”（Tare）红、“皮重”绿。

岸勤队会标记出海滩，他们通常在海滩的任一侧翼竖立起六英尺见方的颜色标志牌，并在顶上加一面字母信号旗。

海滩的宽度可能是100—1000码不等，但通常都是200—500码，能够容纳

这是一张在 1944 年 6 月 6 日清晨从一艘 LCVP 内部向前方拍摄的照片。这艘 LCVP 正载着美国第 1 步兵师第 16 团级战斗队的步兵前往奥马哈海滩的“狐狸”和“容易”地段（参见插图“突击波次”）。由于初步的空袭和海军炮击未能压制德军控制的奥马哈海滩上的强大火炮阵地，几乎所有 DD 坦克都遭遇了灭顶之灾，第 1 和第 29 步兵师最初的几波突击队在奥马哈海滩遭受了非常严重的伤亡。而在犹他海滩，第 4 步兵师第 8 团级战斗队的损失则极其轻微：一次幸运的导航差错使他们在与计划地点相差约 2000 码的位置登陆，而那段海滩上的障碍远少于预期，滩头后方的高地也比原定位置低得多；初步的火力准备击溃了敌军防御，大部分 DD 坦克都成功上岸。

两个并排登陆的连。选择海滩时要考虑海浪条件、坡度、障碍、出口路线、与目标的距离、敌军防御强度以及可用的登陆艇数量和类型。

在陆地上，会将第一道适合防守的地形线指定为“初始滩头线”，它深入陆地的距离取决于地形、敌军防御工事位置、海滩出口、道路系统以及附近的海港和机场。另外，滩头区域必须大到足以容纳将要抵达的大量部队和物资。

在诺曼底，由于发生横转（转为舷侧迎向海浪）、受损或搁浅的登陆艇实在太多，后续登陆艇甚至难以在水际滩头找到可靠岸的位置。海滩上也很快布满了各种被打坏或遗弃的装备。士兵军服上的第 1 步兵师肩章表明这张照片拍摄于奥马哈海滩。请注意照片的右上角，那是一块海滩标志牌。

两栖突击

D 日就是两栖突击或其他作战开始之日，而 H 时是 D 日当天发起突击的具体时刻——第一波登陆部队冲向海岸之时。在进行策划时，计划中各项行动的日期和时间通常都是相对于 D 日和 H 时指定的，因此如果 D 日或 H 时被提前或延后，那么计划中相关行动也要相应地做出改变。例如：如果 D 日是 6 月 5 日，而部队登船安排在 6 月 3 日开始,那么在计划中就会指定为在 D － 2 日（D 日减去两天）开始；如果岸上的某个目标最迟应该在 6 月 10 日拿下，那么计划中就会指定为在 D ＋ 5 日（D 日加上五天）拿下目标。如果 D 日改到 6 月 6 日——这就是诺曼底登陆中发生的情况——所有日期都会自动延后 24 小时。

要讨论欧洲和地中海战场此类作战的演变，最有效的办法就是依次考察每场战役。但是请注意，本书不会讨论诺曼底登陆。省略此次作战或许看似不合常理，

一辆 M4A3 谢尔曼坦克被一艘 LCT(6) 运送上岸，后者可以一次运送四辆这种坦克。请注意照片中的船头抬得很高，这是因为艏部压载水舱已经排空，而艉部压载水舱被注满，从而使得船头抬起，以便整艘船更靠近海岸。

但鉴于其规模实在太过宏大，以本章的篇幅无法进行任何有用的总结。本书的其他地方，例如照片说明和插图解说中，已经根据此战中的实例论述了一些具体要点。此外，鱼鹰出版社已经出版的图书中，详细描述了诺曼底登陆的相关内容。[5]

北非

登陆北非的“火炬”行动实际上是三场独立的战役，它们分别由三支海军特混编队执行。美国陆军的德怀特·艾森豪威尔（Dwight Eisenhower）上将以同盟国远征军司令的身份担任总指挥。英国皇家海军的安德鲁·坎宁安爵士（Sir Andrew Cunningham）元帅作为英国代表在华盛顿的联合参谋长委员会任职6个月后，以地中海战区总司令的身份担任海军部队总指挥。但是西部海军特混编队并不归坎宁安元帅指挥，因为该编队要在西边约400英里外的摩洛哥大西洋沿岸登陆——他指挥的是在地中海沿岸登陆的中部和东部海军特混编队。此外，伦敦的参谋长联席会议负责总体作战策划。西部海军特混编队由大西洋两栖战部队司令在美国东海岸组织，并在大西洋沿岸的三个地点登陆。这支编队由美国海军部队和35000名美国陆军官兵组成。

中部和东部海军特混编队将在阿尔及利亚地中海沿岸两个相隔约200英里的区域登陆，这两个特混编队都将从英国出发。中部海军特混编队包括3.9万名美国陆军官兵，他们将搭乘皇家海军的舰船在奥兰的两侧登陆。东部海军特混编队由美英两国的舰船组成，搭乘舰船的1万名美军官兵和2.3万名英军官兵将在阿尔及尔的两侧登陆。皇家空军将为这两支特混编队提供有限的空中掩护。此次作战的目标除了将战斗部队送到岸上击败维希法国军队以外，还需要夺取海港和建立航空基地，以支援对突尼斯轴心国部队的进攻。

“火炬”行动在1942年11月8日开始，这是同盟国首次大规模的多军种联合两栖突击作战。此时在大西洋上，专门的两栖战舰船、登陆艇和专业部队不是尚未诞生，就是数量不足。中部和东部海军特混编队的主力都是皇家海军，因此我们在书中仅讨论美军负责的西部海军特混编队的组织。

西部海军特混编队的番号也称为第34特混编队，该编队在弗吉尼亚州的诺福克和缅因州的波特兰（Portland）集结，于10月24日启程，开赴摩洛哥。海军的H.肯特·休伊特（H.Kent Hewitt）中将坐镇“奥古斯塔”号（CA-31）重巡洋舰担任总指挥，陆军的巴顿少将作为美国陆军西部特混编队司令，负责指挥登陆部队。第 34 特混编队分为三个攻击群：北路登陆梅迪亚（Mehedia），中路登陆费达拉（Fedhala），这两个地点都在卡萨布兰卡的东北方；南路登陆这座目标城市西南方的港口。

第 34 特混编队的组织展示了海军两栖战编队的基本要素。对于每个目标的登陆区域，以一个攻击群控制所有要素，其中包括对部队的指挥和控制，舰炮对岸火力支援，运送登陆部队的运输舰，清扫航道的扫雷舰，防范敌军潜艇、飞机和轻型攻击舰艇的护航驱逐舰，提供近距离空中支援和空中掩护的航空母舰，负责补充燃油的油轮，以及用于支援和特种勤务的专用舰船。

以下是参与本次登陆行动的部队：

第 34 特混编队——西部海军特混编队，摩洛哥

第 34.1 特混大队，掩护群——1 艘战列舰、2 艘重巡洋舰、4 艘驱逐舰、1 艘油轮

第 34.8 特混大队，北路攻击群

火力支援群——1 艘战列舰、1 艘轻巡洋舰

运输舰队［第 9 步兵师第 60 团级战斗队（加强）］——6 艘人员运输舰、2 艘物资运输舰

护卫舰队——5 艘驱逐舰、1 艘信标潜艇

航空群——2 艘辅助航空母舰、1 艘油轮

航空群护卫舰队——2 艘驱逐舰

特种船队——2 艘驱逐舰、1 艘油轮、2 艘扫雷舰、1 艘小型水上飞机母舰、1 艘货船

第 34.9 特混大队，中路攻击群

火力支援群——1 艘重巡洋舰、1 艘轻巡洋舰

指挥及火力支援群——4 艘驱逐舰

运输舰队［第 3 步兵师（加强）］——12 艘人员运输舰、3 艘物资运输舰

护卫舰队——6 艘驱逐舰

扫雷舰队——6 艘扫雷舰

西西里岛：宪兵押送着意大利战俘走过海滩，一个 90 毫米高射炮连从一艘 LST 上驶下，通过浮箱栈桥上岸。高炮部队会紧随突击波次上岸以保护滩头，该部队也可以对抗敌军的反登陆尝试——即轴心国军队以两栖登陆方式攻击滩头阵地——但在欧洲和地中海战场，敌军没有进行过此类尝试。

第 34.2 特混大队，航空群——1 艘航空母舰、1 艘辅助航空母舰

航空群护卫舰队——1 艘轻巡洋舰、5 艘驱逐舰、2 艘信标潜艇、1 艘油轮

第 34.10 特混大队，南路攻击群

火力支援群——1 艘战列舰、1 艘轻巡洋舰

指挥及火力支援群——3 艘驱逐舰

运输舰队 [第 9 步兵师第 47 团级战斗队（加强）]——5 艘人员运输舰、1 艘物资运输舰

护卫舰队——3 艘驱逐舰

突击驱逐舰队——2 艘驱逐舰

扫雷舰队——3 艘扫雷舰

油轮队——2 艘油轮

航空群——1 艘辅助航空母舰

航空群护卫舰队——2 艘驱逐舰

其他——1 艘信标潜艇、1 艘拖船

欧洲和地中海战场的第一次两栖战是个挑战——此前盟军从未尝试过在规模和复杂性上与此相近的行动。登陆部队只接受过最基本的由船到岸的作战训练，而登陆艇的船员们本来需要接受六个月的训练，却只完成了三分之一的训练。美军的登陆艇仅有 LCP(L)、LCP(R)、LCV 和 LCM(3)，没有能够运送更多重型车辆和更多人员的大型登陆舰艇。此外，部队人员发现带跳板的登陆艇不可或缺。海军提出的直接进入海港的特种部队式作战大多以失败告终，人们发现要夺取港口，最有效的办法是在其侧翼登陆，然后从陆地上发起攻击。

陆军和海军之间的配合尚欠火候。由于敌军抵抗轻微，部队依然感觉夜间登陆比较有利。陆军则比以往更坚定地认为，从海军运输舰在运输舰区锚泊时起，所有登陆艇就该统一归陆军指挥。因为许多海军登陆艇找错了海滩，实际登陆地点往往离预定位置有数英里之远。

陆军对海军的舰炮火力支援不敢恭维。他们认为，除了登陆前的短暂的火力准备，任何预先安排的弹幕射击都没什么大用，海军炮火支援应该在需要时应召而

来，用于打击具体的目标。但是，海军的火力支援确实至关重要，因为陆军的轻型火炮要在 H 时之后至少两小时才能登陆并做好射击准备，而能让地面部队不依赖海军炮火作战的中型火炮则需要更多时间准备。实事求是地讲，登陆部队对海军舰炮火力的依赖将会持续到 D + 1 日。

两大军种使用完全独立的通信系统，因此需要依靠联合联络小组来实现通信。此战之后，在阿尔及利亚的阿尔泽（Arzew）成立了第 5 集团军登陆战训练中心。该中心不仅能开展标准的两栖战训练，纠正在登陆过程中发现的训练缺陷，还致力于发展用于西西里岛和后续作战的新战术技术。

西西里岛

1943 年 5 月，突尼斯的轴心国军队投降后，盟军便将注意力转移到了被轴心国占据的欧洲软腹部。此时担任驻北非的西部海军特混编队司令的休伊特将军将坐镇北非进行指挥，他的指挥部与坎宁安元帅的指挥部都设在阿尔及尔。参战的陆军和陆军航空兵部队指挥部则位于遥远的阿尔泽和君士坦丁（Constantine）。因此空中支援成了问题。盟军的航空兵试图证明自己能够独力击败敌人，只要以空袭削弱对方的航空力量并切断其补给即可。他们对于支援海军部队和滩头的登陆部队不感兴趣，因此在“雪橇犬”行动中，航空作战与其他作战基本上是互不相干的。

同盟国的欺骗措施使轴心国相信登陆行动可能发生在希腊或科西嘉岛。按照理想情况，对西西里岛发起的主攻应该在东北方的墨西拿海峡（Straits of Messina）沿岸登陆，这样可以切断轴心国军队逃往意大利本土的退路。但是这一区域以及支援登陆必不可少的北部海港都位于盟军北非航空基地的作战半径之外，因此登陆还是在南部进行。盟军在此战中可用的突击兵力并不充裕，而西西里岛是个大岛，守军包括 2 个德国师和 6 个意大利师。因此策划者必须做一个两难的抉择，要么在登陆初期夺取两个机场，要么让它们暂时留在轴心国手中，先占领两个为登陆部队提供补给所必需的海港。由于登陆舰艇，尤其是 LST 和 LCI 的数量不断增加，陆军策划者认为也许利用滩头后勤的供应便足以维持部队作战。但无论如何选择，登陆部队都必须沿着西西里岛的海岸绕行，因此肯定没有足够兵力阻止敌军朝东北方向撤退。

陆军此时仍然相信，海军舰炮对付岸上目标的效果不佳，但是他们给参战的

1944 年 1 月 22 日，安齐奥：一艘 LST 遭到德国空军轰炸机的攻击。

步兵团配属了海军火力控制小组，用于引导炮火打击内陆目标。航空兵选择消灭敌军的航空力量，而不是攻击滩头守军或“遮断滩头”以阻止敌军反击。事实上在此战中，敌军的滩头防御过于薄弱，以至于支援炮击都显得没有必要。

海军和航空兵将夺取制海权和制空权，并攻击敌方的空军基地。登陆行动将在黎明前发起，并且这次行动将首次获得伞兵和滑翔机的空降支援。部队不会以夺取海港作为初期目标，最终决定的主要目标是控制三个机场。美国的西部海军特混编队（一些英军舰船也将加入该编队）将在西西里岛下部的西南海岸，也就是比这个岛的南部尖端稍微偏北一点的地方，把巴顿的第 7 集团军送上岸。英国的东部海军特混编队将在比南部尖端稍微偏北的东海岸登陆。另外，和在摩洛哥时一样，西部海军特混编队将兵分三路，但这一次部队是按各自的登陆场命名。从 1943 年 7 月 8 日起，该特混编队从突尼斯的多个基地分批出发，先沿着复杂的欺敌航线航行，然后从马耳他快速北上，在 10 日实施登陆。

以下是参与本次登陆行动的部队：

第 80 特混编队——西部海军特混编队

第 80.1 特混大队，编队旗舰群——1 艘攻击人员运输舰、1 艘驱逐舰

第 80.2 特混大队，护航群——9 艘驱逐舰

第 80.3 特混大队

护卫群——1 艘驱逐舰、15 艘鱼雷快艇

示威群（海滩跳跃者）——1 艘鱼雷快艇，8 艘 ASR 艇

第 80.5 特混大队，布雷群——3 艘布雷舰

第 80.6 特混大队

预备群 [第 1 步兵师第 18 团级战斗队；第 2 装甲师(大部)]——2 艘人员运输舰、7 艘货船、6 艘 LST、27 艘 LCI

第 86 特混编队——利卡塔攻击部队（“佛像”）——1 艘小型水上飞机母舰、1 艘驱逐舰 [第 3 步兵师（大部）]

第 86.1 特混大队，支援群——2 艘轻巡洋舰、2 艘驱逐舰、1 艘潜艇、1 艘巡逻艇

第 86.2 特混大队，加菲攻击群——1 艘驱逐舰、5 艘火力支援艇、1 艘扫雷舰

登陆艇和指挥艇队——7 艘 LST、15 艘 LCI、21 艘 LCT、2 艘巡逻艇、5 艘猎潜艇

第 86.3 特混大队，莫拉特混大队——1 艘 DD 驱逐舰、1 艘 LST、1 艘火力支援艇、1 艘扫雷舰

登陆艇和指挥艇队——2 艘 LSI、6 艘 LST、1 艘 LCI、3 艘 LCT、2 艘巡逻艇、5 艘猎潜艇

第 86.4 特混大队，萨尔索攻击群——1 艘驱逐舰、5 艘火力支援艇

登陆艇和指挥艇队——12 艘 LST、1 艘 LCI、25 艘 LCT、2 艘巡逻艇、5 艘猎潜艇

第 86.5 特混大队，法尔科纳拉攻击群——1 艘驱逐舰、4 艘火力支援艇

登陆艇和指挥艇队——10 艘 LST、16 艘 LCI、9 艘 LCT、4 艘猎潜艇、1 艘巡逻艇

第 86.7 特混大队，救捞群——2 艘拖船

第 81 特混编队——杰拉攻击部队（“角币”）

海滩标识群——1 艘潜艇、1 艘巡逻艇

第 81.2 特混大队，运输群 [第 1 步兵师（大部）]——7 艘人员运输舰、2 艘 LSI、17 艘 LCI、3 艘巡逻艇、4 艘猎潜艇

第 81.3 特混大队，LST 群——14 艘 LST

第 81.4 特混大队，LCI 群——16 艘 LCI

第 81.5 特混大队，火力支援群——2 艘轻巡洋舰、2 艘驱逐舰

第 81.6 特混大队，护卫舰队——10 艘驱逐舰

第 81.7 特混大队，指挥群——4 艘巡逻艇、5 艘猎潜艇

第 81.8 特混大队，扫雷群——7 艘扫雷舰

第 81.9 特混大队，救捞群——1 艘救捞船、4 艘拖船

第 85 特混编队——斯科利蒂攻击群（“分币”）

第 85.1 特混大队，第一攻击群——1 艘两栖指挥舰、2 艘驱逐舰、1 艘潜艇

运输舰队 [第 45 步兵师（大部）]——12 艘人员运输舰、8 艘 LST、6 艘 LCI、6 艘 LCT、2 艘拖船

护卫舰队——3 艘驱逐舰、4 艘巡逻艇、2 艘猎潜艇

扫雷舰队——9 艘扫雷舰

第 85.2 特混大队，第二攻击群

运输舰队（第 45 步兵师预备队）——6 艘人员运输舰、5 艘 LST

护卫舰队——4 艘驱逐舰、2 艘巡逻艇、2 艘猎潜艇

扫雷舰队——5 艘扫雷舰

第 85.3 特混大队，火力支援群——1 艘轻巡洋舰、1 艘浅水重炮舰、7 艘驱逐舰

第 87 特混编队，后勤编队——5 艘军辅船、7 艘油轮

7 月 10 日黎明前，这三支登陆部队分别在 4—5 片海滩上登陆，三个登陆场间隔 3—5 英里。尽管各地守军的抵抗程度各不相同，敌军也很快发动了反击，但这

些反击均在舰炮火力支援下被击退。虽然陆军航空兵尽力维持制空权，但还是有一些舰船因空袭而损失。登陆过程中发生的主要问题是沙洲阻止了 LST 靠岸。此外，部队在部署数量短缺的浮箱时也遇到不少困难，而部队劳工人数不足的问题导致卸货时间被延误。陆军与海军之间的争执明显减少，水兵们已经明白，他们参与此类行动就是为了运输和支援登陆部队。经滩头进行的后勤运输困难重重，但部队人员吸取的经验教训对诺曼底登陆的策划有明显影响。

盟军还在西西里岛北岸进行了两次小规模的登陆，但未能成功阻止敌军撤退。这两次登陆分别是：8 月 8 日，第 3 步兵师第 30 步兵团第 2 营在圣阿加塔（Sant'Agata）登陆；8 月 16 日，第 45 步兵师第 157 步兵团在巴切洛纳（Barcellona）登陆。

西西里岛战役的空降作战遭遇惨败，空降兵因降错地点和友军误击而伤亡惨重，有关详情不在本文的探讨范围。[6]

萨勒诺

人们普遍认为，西西里岛登陆战更像是争夺北非的收官之战，而不是攻略意大利的起点。许多人担心，登陆意大利本土可能会延误那场最终不可避免的大战，即跨越英吉利海峡进攻法国被占领土。但是也有人认为，登陆意大利可以使该国退出战争，而驻希腊和巴尔干半岛的意大利军队被大规模遣散后，德国将不得不抽调兵力来填补空缺。同盟国高层摇摆不定，直到 1943 年 7 月墨索里尼倒台，他们才最终下决心发起登陆行动——登陆地点选在萨勒诺，位于形似靴子的亚平宁半岛的“脚背”附近，紧邻重要港口那不勒斯（Naples）南郊。

虽然接到了以手头可用资源实施“雪崩”行动的指示，艾森豪威尔将军还是申请增派 40 艘运输舰——此时太平洋战场正急需更多此类船只。西部海军特混编队（第 80 特混编队）将再次负责提供主要由美军组成的南路攻击部队，而北路攻击部队主要由英军组成。此次行动策划很仓促，盟军完全占领西西里岛仅一个月后，就发起萨勒诺登陆行动。与之前不同，这次行动不仅得到了从西西里岛起飞的空中支援，还动用了 5 艘航空母舰。这一点很重要，因为德国空军此时依然非常活跃，甚至会攻击突尼斯的集结港口。大部分登陆舰队没有从轴心国轰炸机和侦察机可轻易到达的西西里岛出发，而是从奥兰、阿尔及尔、比塞大和的黎波里出发的，不过有部分船只确实是从西西里岛的巴勒莫（Palermo）和泰尔米尼（Termini）启程的。

1944 年 1 月 22 日，安齐奥：美国第 3 步兵师的士兵正从 LCI(L) 下船——请注意早期的四方桥楼和侧面舷梯——与此同时，一艘被炸弹击中的舰船正在背景中燃烧。LCI 不会被用于初期的突击波次，但很适合运送预备连队——参见插图“步兵登陆艇（大型）”。

主力登陆之前，英军部队在意大利的“靴尖”进行了几次小规模的登陆，旨在将轴心国部队从萨勒诺引开。这些行动是在 1943 年 9 月 3 日到 8 日，从西西里岛跨过墨西拿海峡发动的。意大利官方已经与同盟国签订了秘密停战协议，艾森豪威尔在 9 月 8 日 18:30 将其公之于众——此时距离萨勒诺登陆还有 9 小时。

美军的南路攻击部队在 9 月 5 日从奥兰出发，该舰队在 8 日夜间转向驶入萨勒诺湾，并在 9 日黎明前发起了登陆行动。美军的登陆场位于这个宽阔海湾的南侧，他们登上了四片紧邻的海滩，而英军的登陆场则在北面。

以下是参与本次登陆行动的部队：

第 81 特混编队，南路攻击部队

第 81.5 特混大队，火力支援群——4 艘轻巡洋舰、1 艘浅水重炮舰、3 艘驱逐舰

第 81.6 特混大队，护卫舰队——11 艘驱逐舰

第 81.2 特混大队，运输舰群 [第 36 步兵师（加强）]——18 艘运输舰、3 艘 LST

第 81.3 特混大队，登陆艇群——27 艘 LST、32 艘 LCI、6 艘 LCT

第 81.7 特混大队，指挥群——8 艘巡逻艇、4 艘火力支援艇

第 81.8 特混大队，扫雷群——21 艘扫雷舰

第 81.9 特混大队，救捞群——2 艘拖船

第 80.2 特混大队，哨戒群——16 艘鱼雷快艇

第 80.4 特混大队，牵制群——7 艘鱼雷快艇、4 艘猎潜艇、1 艘炮艇、10 艘 ASR 艇

德军的抵抗相当激烈，而且支援守军的空袭比先前更为猛烈。在地面部队和舰炮火力的支援下，德军坦克部队的一次反击被击退。尽管遭遇如此抵抗，美军部队还是很快打到了纵深不到 1000 码的集结地域。德军的反击持续超过了一周，事实证明海军舰炮火力意义非凡，是登陆部队坚持下来的关键。盟军原计划在 D 日当天就控制位于内陆纵深数英里的滩头线，但最终颇费了一些时间才达成这一目的。战局一度非常严峻，以至于盟军在 9 月 12 日开始策划将已登陆的美军和英军部队撤出，转移到北方重新登陆。在与敌军缠斗的同时实施两栖撤退是难度最大的作战，

好在盟军没有做此尝试。此后盟军继续积蓄力量，终于达成突破，在 10 月 1 日占领了那不勒斯。另外，牵制部队此时仍在那不勒斯北方保持活跃，拖住了那里的德国守军。由于迟迟未能拿下港口，妨碍了兵力的集聚，而且所有物资不得不经滩头运到前线。这块滩头阵地帮助盟军在意大利建立了稳固的立足点，此后第 5 集团军开始北上，但德军以坚固山地工事组成的多道连续防线使其进展缓慢。

安齐奥

到了 1943 年 12 月，美英联军对罗马的进军受阻于横贯意大利中部的古斯塔夫防线。为了打破僵局，盟军在 11 月下旬就已开始谋划“鹅卵石”行动。这将是一次包抄敌军侧翼的两栖突击，盟军的目标就是安齐奥海滩，它位于罗马以南 37

在欧洲和地中海战场，要在占领滩头阵地的基础上发起大规模地面作战，就必须尽早夺取能够容纳大量船只的港口。因此轴心国军队在撤退前总是会尽可能彻底地破坏港口设施，盟军需要花费大量时间和资源修复它们，才能使港口恢复运作。陆军的特种工兵旅、战斗工兵营、建设工兵营和军需港务营承担了这一艰巨的任务。在这张照片上，5 吨的履带式起重机正在清理残骸，该装备也被用于从登陆艇和驳船上卸载货物。

英里，在令人头疼的古斯塔夫防线后方60英里。因为高层寄望于陆上进攻取得进展，所以这次作战被一再推迟。上级一度要求艾森豪威尔将军把手头的90艘LST悉数遣往英国，但后来允许他保留其中的68艘。随着艾森豪威尔将军获得诺曼底登陆战总指挥的任命，地中海的许多高级指挥官都换了人选。

到了1943年12月底，随着盟军在卡西诺山下深陷泥潭，安齐奥作战被再度提上日程。此次作战只有三周时间可用于策划和组织。海军第8两栖战部队司令弗兰克·劳里（Frank Lowry）少将担任海军指挥官，D日定在1944年1月22日。此外，劳里被准许——短暂地——保留部分预定前往英国的登陆舰船。按照计划，只有1个美军师和1个英军师会登陆海滩，但需要6个师才能守住滩头阵地。

位于意大利东部的英国第8集团军将施加足够压力，阻止德军将部队西调以应对此次作战。盟军希望，登陆行动本身就能使德军“掏空”在半岛西部与美国第5集团军对峙的预备队，并切断通向罗马的补给线。此外，航空兵进行了遮断滩头地区的尝试，虽然未能成功，但确实阻止了德军侦察机起飞，使得特混编队在接近登陆场的过程中未被发现。美国第3步兵师从波佐利（Pozzuoli）出发，英国第1步兵师从萨勒诺出发，由于时间仓促，部队只能进行有限的演练。第81特混编队在1月21日起航，而第5集团军在10天前就发动了地面攻势。另外，由于德军不断投入预备队，这次攻势进展缓慢，美军仅推进了10英里。

登陆行动在22日时实施，基本上未遇抵抗。美军——X射线部队——在安齐奥东南2英里外两片相邻的海滩登陆，英军——彼得部队——在其西北5英里外登陆。

以下是参与本次登陆行动的部队：

第81特混编队——1艘轻巡洋舰、1艘护航驱逐舰

第81.2特混大队，游骑兵群——2艘LSI、2艘LST、1艘LCI、3艘LCT、3艘猎潜艇

X射线部队

第81.3特混大队，红滩群——12艘LST、31艘LCI、22艘LCT、4艘巡逻艇、6艘猎潜艇、3艘火力支援艇

第 81.4 特混大队，绿滩群——1 艘 LSI、17 艘 LCI、11 艘 LCT、2 艘巡逻艇、2 艘猎潜艇、3 艘火力支援艇

第 81.5 特混大队，第一后续群——39 艘 LST、20 艘 LCI、6 艘 LCT

第 81.6 特混大队，护航群——5 艘驱逐舰、2 艘护航驱逐舰、2 艘扫雷舰

第 81.7 特混大队，扫雷群——22 艘扫雷舰、1 艘猎潜艇

第 81.8 特混大队，舰炮支援群——2 艘轻巡洋舰、5 艘驱逐舰

盟军登陆部队很快控制了安齐奥并将海滩连成一片，占领了最初的滩头线。但是一连几天，德军的反击、空袭和恶劣的天气使盟军的兵力集聚进展缓慢。到了 1 月 28 日，德军已经将滩头阵地完全控制在一片大约长 19 英里、纵深 4 英里的区域。登陆部队被困在那里——遭到敌人重兵围攻和猛烈轰炸，不断消耗着本应用于意大利其他地方的资源——直到 1944 年 4 月中旬才成功突破，并与在卡西诺突破防线的友军会师。[7]

法国南部

欧洲和地中海战场最后一次大规模两栖登陆行动的计划在 1943 年就已开始酝酿。一些领导人对于是否需要发动此战犹豫不决，但最终他们还是认识到了这次登陆行动的意义。在法国里维埃拉海岸登陆将使盟军能够实现对德军的钳形攻势，拖住德军在南方的部队，甚至吸引其从别处调兵，从而阻止他们参与在法国北部的主要战役。美军在本土受训的多个师已经做好部署到欧洲的准备，但是盟军在英吉利海峡已经夺取的港口，以及不堪重负的滩头后勤，都不足以支持美军在北部前线作战。如果美军在地中海沿岸登陆，就可以将这些部队投入法国战场，在北非新组建并受训的自由法国部队也是如此。此外，这样的登陆行动还能另外提供一条进军德国南部的路线。

原本的行动代号是“铁砧”，但因为有泄密可能，又改为“龙骑兵”。德军在南部的海岸防御与诺曼底相比较为薄弱，但他们正在努力加强。不过即使德军预料到南部的海岸将发生登陆，诺曼底的连番大战也使他们不得不抽调部队北上，到了 D 日——1944 年 8 月 15 日——当地已经只剩下象征性的防御力量。

西部海军特混编队依旧由 H. 肯特 · 休伊特中将指挥。策划者在一段 45 英里

从船尾方向拍摄的照片显示，一艘 LCM(3) 满载突击队士兵正驶向海岸。这种被称为“麦克艇”的船有许多并未配备机枪，但从照片上可以看到，在舯部抬高的驾驶室旁边，有两挺罩着防水油布的 12.7 毫米 M2 机枪，安装在 Mk 21 基座枪架上。

在诺曼底登陆中，策划者基于现实考虑，认为在登陆后需要花费不少时间才能占领主要港口瑟堡并使其恢复运作，因此盟军大力研发并制造了在滩头阵地附近运作的人工港。在奥马哈海滩，人工港是通过凿沉旧船、从英国运来的浮式防波堤及码头组装的。在这张照片上，几艘登陆艇系泊于“醋栗 2 号”人工港（这个代号用于区别于英军的“桑葚”人工港）。另外，高射炮手会留守在被凿沉的旧船上，而登陆艇的船员可以从他们手中获取口粮和饮水。

长的海岸上选择了三个滩头，每个滩头各有一个美军师登陆。美加联合第 1 特种部队将夺取位于西方侧翼的耶尔群岛（Iles de Hyéres），美英联合暂编空降师将在腹地空降。自由法国军队曾争取让自己的大部队参与最初的登陆，但是由于船只运力不足，他们将在先头部队登陆后不久，在更偏西的位置登陆，并占领重要港口土伦（Toulon）和马赛（Marseilles），这两个地方都是此次作战的关键目标。两栖战的训练和演习在萨勒诺开展，但因为时间过于紧迫，某个特混编队的指挥官担心自己的部队准备不足，曾央求休伊特推迟 D 日，他被拒绝后含恨自尽。

由于在诺曼底登陆战役后，不再需要用于英吉利海峡的两栖舰船被大批转用于此战，这使得它成为地中海地区无可争议的最大规模两栖战。在这场战役中，共有 880 艘舰船参战（事实上，在太平洋战区也只有三次两栖战的规模大于此战）。此外，还有大批英国和法国的船只也被编入特混编队。然而，“龙骑兵”行动中没有多少创新，不过有41支水下爆破队（每队11人）被首次用于地中海战场。

以下是参与本次登陆行动的部队：

西部海军特混编队

指挥编队——1艘两栖指挥舰、9艘扫雷舰

特种作战群（牵制）——1艘驱逐舰、12艘鱼雷快艇、3艘炮艇、3艘战斗机引导船

第86特混编队，云杉部队（第1特种部队）

火力支援群——1艘战列舰、1艘重巡洋舰、3艘轻巡洋舰、4艘驱逐舰

运输群——5艘运输驱逐舰、5艘LSI、17艘鱼雷快艇、5艘扫雷舰

第84特混编队，阿尔法部队［第3步兵师（加强）］——1艘海岸警卫队巡逻艇、1艘战斗机引导船

突击群——2艘人员运输舰、3艘攻击物资运输舰、3艘货船、25艘LST、55艘LCI、60艘LCT、20艘LCM、8艘扫雷舰、9艘巡逻艇、12艘火力支援艇、10艘LCC

舰炮支援群——1艘战列舰、1艘重巡洋舰、5艘轻巡洋舰、6艘驱逐舰

扫雷群——30艘扫雷舰、6艘猎潜艇、2艘LCC

第85特混编队，德尔塔部队［第45步兵师（加强）］——1艘水上飞机母舰、1艘驱逐舰、1艘战斗机引导勤务舰

运输群——6艘人员运输舰、2艘货船、1艘LSI、23艘LST、49艘LCI、48艘LCT、8艘LCM、8艘火力支援艇、5艘LCC、6艘猎潜艇

舰炮支援群——2艘战列舰、6艘轻巡洋舰、8艘驱逐舰

扫雷群——10艘扫雷舰

救捞及消防群——6艘拖船

第87特混编队，骆驼部队［第36步兵师（加强）］——1艘物资运输舰

突击群——3艘人员运输舰、2艘攻击物资运输舰、3艘货船、21艘LST、1艘LSI、29艘LCI、45艘LCT、4艘LCM、7艘火力支援艇、7艘LCC、17艘猎潜艇、16艘巡逻艇

炮击群——1艘战列舰、1艘重巡洋舰、5艘轻巡洋舰、11艘驱逐舰

扫雷群——31 艘扫雷舰

救捞及消防群——6 艘拖船、3 艘 LCI、1 艘 LCT、4 艘 LCM

第 88 特混编队，航空母舰部队

9 艘航空母舰、4 艘防空轻巡洋舰、53 艘驱逐舰、6 艘护航驱逐舰、7 艘巡航舰

各支特混编队分批集中在意大利的布林迪西（Brindisi）、塔兰托（Taranto）和那不勒斯，西西里岛的巴勒莫以及阿尔及利亚的奥兰，它们在 8 月的第二个星期出发。8 月 14 日夜间，所有船只都抵达了科西嘉岛西海岸附近，然后朝西北方向进发，前往意大利边境以西约 50 英里外的法国海岸。部队在某些地段遭遇了抵抗，但总体来说此次登陆比较轻松。事实上，此战经常被形容为一次近乎完美的两栖战。

总　　结

在地中海的早期作战中，美军的登陆艇的数量只能勉强满足运送步兵的需要，并没有足够运力将坦克和重装备运上岸，但是以此为起点，美军的两栖战学说得到了发展和完善,同时其两栖战能力也得到了提升。到了 1944 年 8 月,美军的运输船、抢滩舰艇、专业两栖战支援单位的数量已经绰绰有余，海军的舰炮火力支援得到增强，其他资源也可供利用。后勤能力、协同作战能力、指挥和控制能力都得到大幅提升。诺曼底登陆是世界军事史上规模最大、任务最艰巨、危险性也最高的两栖登陆战，尽管敌军防御坚固、抵抗坚决，但登陆还是取得了成功。欧洲和太平洋战场两栖战的组织形式发展在某些方面不同于海军主导的太平洋战区，而战后新成立的美国国防部所采用的联合指挥架构以太平洋的经验为基础。

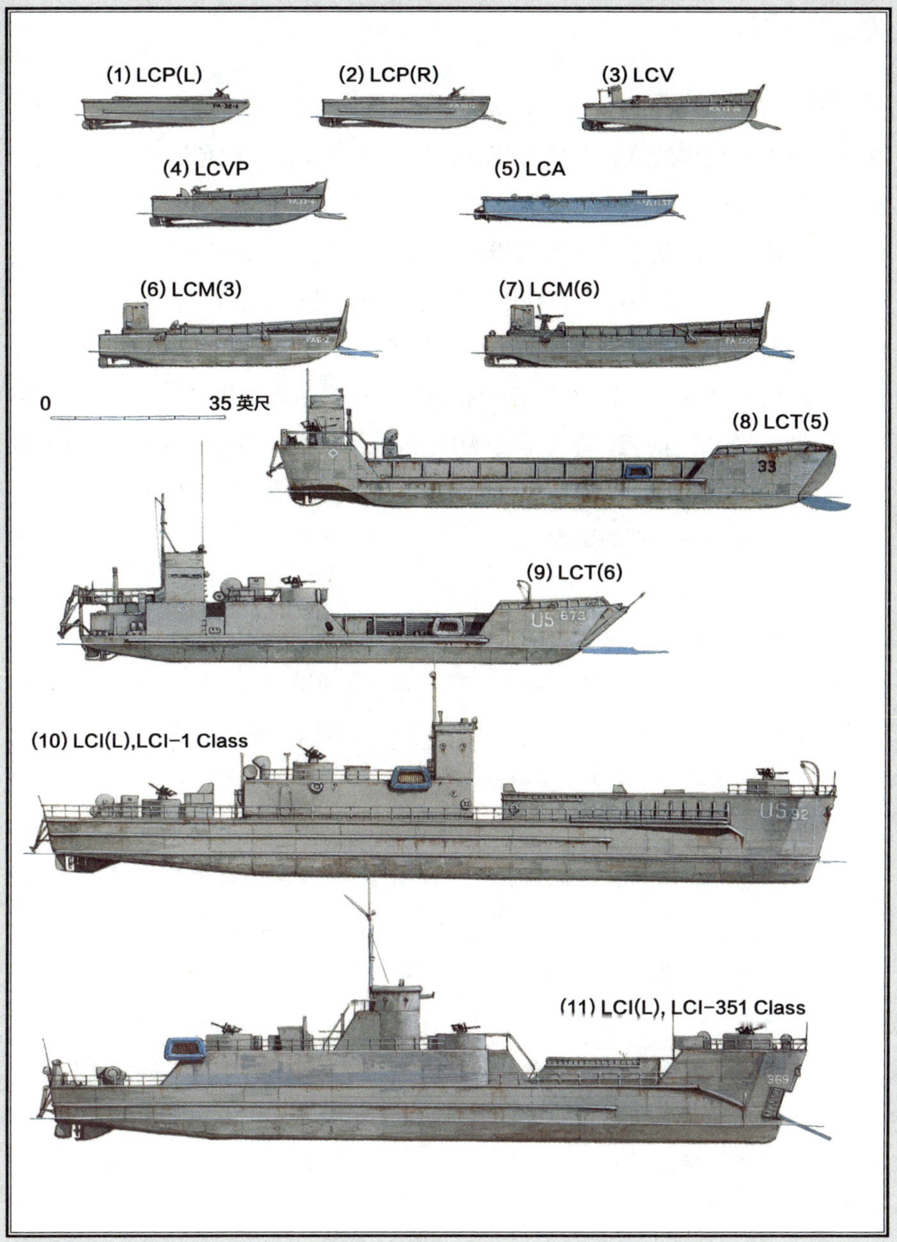
(1) LCP(L)
(2) LCP(R)
(3) LCV
(4) LCVP
(5) LCA
(6) LCM(3)
(7) LCM(6)
0
35 英尺
(8) LCT(5)
33
(9) LCT(6)
US 673
(10) LCI(L),LCI-1 Class
US 92
(11) LCI(L), LCI-351 Class
369

登陆艇

登陆艇

图中包括了英国的LCA，因为它也曾被用于运送美军部队。美军在地中海和欧洲战场使用的大部分登陆艇都采用了薄雾灰或类似色调的涂装，而英军在英吉利海峡使用的登陆艇采用了一种淡蓝色涂装。其实这些颜色都太浅，在夜间，任何照射到登陆艇的光线都会使其被深色的水体映衬出来。虽然登陆艇的舷号大多为白色，但也会采用黑色（尤其是在地中海）。搭载在攻击人员运输舰和攻击物资运输舰上的小型登陆艇会标识母船的舰种代码——省略代表辅助类船只的第一个“A”——和舷号，后跟登陆艇的编号。美国登陆艇经常会带有“US”前缀，字体大小为舷号的三分之一到两倍不等；英国登陆艇则无此类国籍字母。LCT和更大的登陆艇则会被分配到船舶局舷号。

下文列出每种艇型的数据：

1. 人员登陆艇（大型）——LCP(L)

服役年份：1941年；建造数量：2193艘；艇载武器：2挺7.62毫米机枪；艇长×艇宽：36英尺3英寸×10英尺10英寸；艇员+乘客人数：3 + 36人；货物和车辆载运能力：4吨；军舰舷号：“PA-20-4”。

2. 人员登陆艇（跳板）——LCP(R)

服役年份：1942年；建造数量：2631艘；艇载武器：2挺7.62毫米机枪；艇长×艇宽：36英尺3英寸×10英尺10英寸；艇员+乘客人数：3 + 36人；货物和车辆载运能力：4吨；军舰舷号：“PA 1612”。

3. 车辆登陆艇——LCV

服役年份：1942年；建造数量：2366艘；艇载武器：1挺7.62毫米机枪；艇长×艇宽：36英尺3英寸×10英尺10英寸；艇员+乘客人数：3 + 36人；货物和车辆载运能力：5吨（1门轻型火炮或1辆1吨卡车+ 12名士兵）；军舰舷号：“KA 13-14”。

4. 人车两用登陆艇——LCVP

服役年份：1942 年；建造数量：23358 艘；艇载武器：2 挺 7.62 毫米机枪；艇长 × 艇宽：35 英尺 10 英寸 ×10 英尺 6 英寸；艇员 + 乘客人数：3 + 36 人；货物和车辆载运能力：4 吨（1 门轻型火炮或 1 辆 1 吨卡车 + 12 名士兵）；军舰舷号："PA 33-4"。

5. 突击登陆艇——LCA（英国）

服役年份：1939 年；建造数量：不详；艇载武器：2—3 挺 7.7 毫米机枪；艇长 × 艇宽：41 英尺 6 英寸 ×10 英尺；艇员、乘客人数、货物和车辆载运能力：4 + 35 人 + 800 磅；军舰舷号："LCA 1237"。

6. 三号机械化登陆艇——LCM(3)

服役年份：1942 年；建造数量：8631 艘；艇载武器：2 挺 12.7 毫米机枪；艇长 × 艇宽：50 英尺 ×14 英尺 1 英寸；艇员 + 乘客人数：4 + 60 人；货物和车辆载运能力：30 吨或 1 辆中型坦克或 1 门中型火炮；军舰舷号："PA6-2"。

7. 六号机械化登陆艇——LCM(6)

服役年份：1943 年；建造数量：2718 艘；艇载武器：2 挺 12.7 毫米机枪；艇长 × 艇宽：56 英尺 ×14 英尺 1 英寸；艇员 + 乘客人数：4 + 75 人；货物和车辆载运能力：35 吨或 1 辆中型坦克或 1 门中型火炮；军舰舷号："PA-22-20"。

8. 五号坦克登陆艇——LCT(5)

服役年份：1942 年；建造数量：500 艘；艇载武器：2 门 20 毫米炮；艇长 × 艇宽：114 英尺 2 英寸 ×32 英尺 8 英寸；载人人数：11 人；货物和车辆载运能力：150 吨或 4 辆轻型坦克或 3 辆中型坦克或 9 辆卡车；军舰舷号："33"。

9. 六号坦克登陆艇——LCT(6)

服役年份：1943 年；建造数量：965 艘；艇载武器：2 门 20 毫米炮；艇长 × 艇宽：119 英尺 1 英寸 ×32 英尺 8 英寸；载人人数：13 人；货物和车辆载运能力：150 吨或 4 辆轻型坦克或 3 辆中型坦克或 10 辆卡车；军舰舷号："US 673"。

10. 步兵登陆艇（大型）——LCI(L)——LCI-1 级

服役年份：1942 年；建造数量：1031 艘；艇载武器：4 门 20 毫米炮；艇

长 × 艇宽：158 英尺 6 英寸 ×23 英尺 8 英寸；载人或货物载运能力：24 + 188 人或 75 吨；军舰舷号："US 92"。

11. 步兵登陆艇（大型）——LCI(L)——LCI-351 级

服役年份：1943 年；建造数量：605 艘；艇载武器：5 门 20 毫米炮；艇长 × 艇宽：158 英尺 6 英寸 ×23 英尺 8 英寸；载人或货物载运能力：29 + 209 人或 75 吨；军舰舷号："369"。

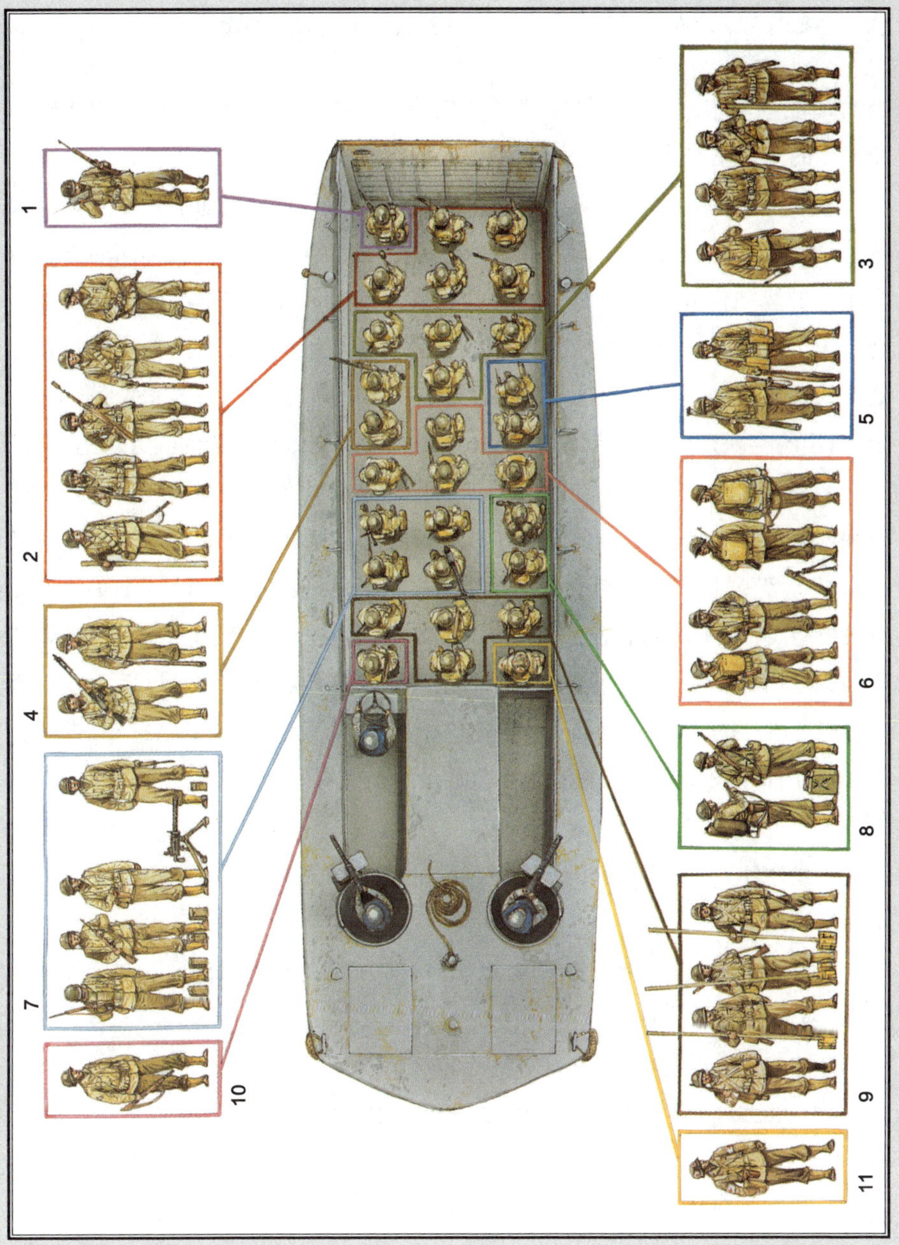

突击登艇队，1944 年 6 月 6 日，诺曼底

突击登艇队，1944 年 6 月 6 日，诺曼底

请注意，本图为示意图，为了清楚地区分各个登艇小组，图中以鸟瞰视角显示的士兵是略小于真实比例的。

一个登艇队（突击小队）基本上就是半个步兵排，再加上一些其他的分队。每支登艇队由一名军官担任领队，一名士官担任副手。在不同的部队以及不同的登陆作战中，登艇队的组成有很大差异。按照正常编制，勃朗宁自动步枪（简称 BAR）组和火箭筒组应该各有 4 名组员和 2 具武器。但是在登陆作战中，在一个连的两个突击小队中——如图所示——武器和人员都会减半，留出的空缺则由一个装备一挺 M1919A4 7.62 毫米轻机枪的四人小组填补。

六艘登陆艇搭载一个连的三个步兵排，第七艘登陆艇则搭载该连的指挥组和配属人员（前进观察员、医疗兵、破障组以及后续登陆部队的向导和联络人员）。营属机炮连将组成 6 个支援登艇队，每队包括步枪组（5 名步枪手）、重机枪组（6 人并配备 1 挺 M1917A1 7.62 毫米机枪）、剪线组（4 名携带爆破筒和钢丝钳的步枪手）、爆破组（5 名携带炸药包和爆破筒的步枪手）以及迫击炮组（8 人并配备 1 门 M1 81 毫米迫击炮）。

图中所示突击队携带的武器弹药数量的正式规模如下：

1. 突击小队领队（卡宾枪、1 颗破片手榴弹、1 颗白磷手榴弹、6 颗有色烟雾手榴弹）。

2. 步枪组（5 支步枪、7 颗破片手榴弹、3 颗白磷手榴弹、10 发枪榴弹、1 根爆破筒）。

3. 剪线组（4 支步枪、2 颗白磷手榴弹、2 根爆破筒）。

4.BAR 组（1 支步枪、1 支 BAR、27 个 BAR 弹匣）。

5. 火箭筒组（1 支步枪、1 支卡宾枪、1 支巴祖卡火箭筒、18 发火箭弹）。

6. 迫击炮组（1 把手枪、3 支卡宾枪、1 门 M2 60 毫米迫击炮、36 发迫击炮弹）。

7. 轻机枪组（1 把手枪、3 支卡宾枪、1 挺轻机枪、1250 发轻机枪子弹）。

8. 火焰喷射器组（1 把手枪、1 支步枪、1 支火焰喷射器、6 颗破片手榴弹、4 颗白磷手榴弹）。

9. 爆破组（4 支步枪、8 个炸药包、3 根爆破筒、6 个 TNT 炸药块、4 颗破片手榴弹、4 颗白磷手榴弹）。

10. 突击小队副领队（步枪、8 颗破片手榴弹、2 颗白磷手榴弹）。

11. 医疗救护兵（手枪）。

步兵登陆艇（大型）

步兵登陆艇（大型）

LCI(L) 是在 1942 年快速研制成功的。它是仅针对近程的由岸到岸作战而设计的，因此它在地中海和英吉利海峡比在太平洋更实用。LCI 在地中海战场的首次应用是在 1943 年 7 月的西西里岛登陆中。这种登陆艇的简单客舱设计和食水供应的限制使它的潜在航渡时间很有限，虽然它在必要情况下能够进行长途航行，但是按照设计指标，最多只能让乘客住宿 48 小时。

在这张图上，在没有敌人抵抗的情况下，士兵们沿着左舷的 36 英尺舷梯走向一处地中海的海滩——舷梯的展开方式是首先从舷侧平台向前滑动，然后从船艏悬空伸出的工字梁锚架上吊放下来。士兵们从甲板下方有舱壁保护的船舱里出来，一个完整的步兵连可以在 5 分钟内全部下船。

登陆艇配备了强大的防空武器，这些舰载武器能提供火力支援，因此登陆艇可用于掩护运输舰区，防范敌方快艇的袭击。LCI 配备了五门厄利空 Mk Ⅳ 20 毫米机关炮——每分钟能发射 550 发炮弹，每隔 8 秒就要更换一个 60 发弹匣——其中一门位于船头，其余四门分别位于舱面室的四角。在第一波登陆部队上岸后，登陆艇的炮手们就不得射击岸上目标，除非明确发现了正在朝他们射击的敌方武器——否则就有很大可能误伤已经上岸的友军。

清障

清障

清障小队通常在第三至第五波登陆，突击波次的登陆艇必须自行穿越重重障碍。清障小队的任务是摧毁海滩上的障碍（包括因落潮而暴露的障碍），从而为体型较大、机动性能较差的船只开辟航道，以使车辆能够登陆，并能向内陆挺进。这类小队的组织在每次作战中各不相同，他们可能包括陆军战斗工兵、海军海蜂队和（或）岸勤营人员，或者图中所示的海军战斗爆破队（简称NCDU）人员。在诺曼底，利用已有的组织组建了联合清障小队，每支小队由6—20人组成，他们会使用种类繁多的爆破装置。

图中的序号代表：

1. 前景中的"爆破手"正在把一个炸药包（小插图2）系到一个钢制的"刺猬"障碍上。这个炸药包里有8个两磅半的M2特屈儿炸药块，通过导爆索以8英寸的间隔串联起来，组成了一条M1炸药链。这些炸药块的尺寸是2英寸×2英寸×11英寸，20磅炸药块的威力略大于TNT炸药，炸碎"刺猬"障碍是绰绰有余的。这些炸药将通过一段短短的延时导火索引爆，而点燃导火索的是防水的M2导火索点火器，它可以通过拉火绳激发。

3. 背景中另一名NCDU队员正在把4块半磅的TNT炸药块拴到一个木桩障碍上，木桩顶部有一枚Tellermine 43地雷——它足以炸飞LCVP的船头。TNT炸药块（小插图4）上装了一根30秒的延时导火索，它可以通过不防水的M1导火索点火器点燃——有人会给它套一个避孕套来防水。一些突击队员也会携带这种炸药块，用于在地上炸出初步的坑洞，然后挖成散兵坑。导火索点火器、延时导火索和起爆器都要和炸药分开携带。

在背景中，一辆D-8型装甲推土机已经抵达。这类装备可以视作坦克推土机，它可以将已经排雷的障碍直接推到路边，实战证明它的价值非凡。

M4A1 谢尔曼双重驱动（DD）坦克

M4A1谢尔曼双重驱动（DD）坦克

作为诺曼底登陆战中的秘密武器，DD坦克被严格保密。它是安装了特殊传动装置的M4A1坦克，它的动力既能传输到履带，也能传输到两个安装在车尾的18英寸螺旋桨，因此它在水上的航速可达4英里/小时。为了增强浮力，车上还安装了橡胶涂层帆布制成的可折叠围裙——围裙可通过撑条和支架支起，高度刚好超过炮塔顶端。上岸后，DD坦克的螺旋桨可以收起，而围裙可放下并折叠在履带裙板周围。当浮力围裙升起时，车载武器无法射击。DD坦克航行时要求海面风平浪静，因为围裙支架无法承受海浪的大力拍击，而且围裙顶端的干舷高不足一英尺。一艘LCT可搭载4辆这种坦克，为了避免坦克下水时因冲击导致围裙折叠，DD坦克的车头还安装了可抛弃的下水装置框架。

图中的序号分别代表：

1. 坦克驶向海滩。车长站在炮塔顶部后方安装的一个小平台上，他手抓着操纵杆，通过垂直杠杆的联动，可以改变螺旋桨的角度来实现转向。

2. 坦克上岸后，车长从平台上爬下，可以看到围裙内部的加强筋和补丁。

3. 围裙已放下，螺旋桨已收起。

为了参加诺曼底登陆，美军有三个坦克营（第70、第741和第743营）装备了DD坦克，这种坦克只被配发给每个营中的两个连。DD坦克在离岸5000—6000码处下水，并先于登陆艇波次航渡上岸。这几个营的A连和装备M5轻型坦克的D连则配备了涉渡套件（见插图“LCM和装有涉渡套件的谢尔曼坦克”）。这一波次中还包括坦克推土机，它们可以在稍后通过短途涉水上岸。DD坦克和其他先期抵达的坦克被用来充当摧毁德军火力点的突击炮，而它们取得的战果可谓喜忧参半。

由于风浪较大，第70营的DD坦克是在离岸仅1500码处下水的，其中

28 辆平安抵达犹他海滩（因搭乘的 LCT 触雷沉没而损失 4 辆）；第 743 营的坦克大多因海况不佳而没有下水，最后坦克通过 LCT 直接登上奥马哈海滩；第 741 营的坦克只有 5 辆成功上岸，其中 3 辆是直接登陆的。在 32 辆试图通过航渡方式登上奥马哈海滩的 DD 坦克中，27 辆因风浪和强劲的横流而沉没——33 名坦克兵溺水身亡，只有 2 辆坦克依靠自身动力抵达滩头。

（英军第 27 装甲旅给英军和加军负责的每片海滩各分配了一个 DD 坦克营——自西向东依次属于第 4 或第 7 龙骑兵卫队团、约克郡东区义勇骑兵团和第 13 或第 18 骠骑兵团。在最西端的黄金海滩，由于海况不佳，坦克未能下水，它们最终由 LCT 直接送到岸上；在朱诺海滩，部分 DD 坦克在离岸近 1000 码处下水，其余坦克则直接登岸；在宝剑海滩，在离岸 5000 码处下水的 40 辆坦克中，有 31 辆安全上岸。）

LCM 和装有涉渡套件的谢尔曼坦克

LCM和装有涉渡套件的谢尔曼坦克

美军研制的一套坦克涉渡套件刚好赶上在1942年11月的北非登陆中使用，此后美军又陆续生产了几种改进版本。这套系统采用一种防水化合物封堵坦克车体上的所有开口，并在发动机室甲板上安装带遮罩的大型前置进气管和后置排气管。原版M4谢尔曼坦克使用的是MT-S套件，而在后期车型上，该套件与MT-1至MT-4套件配合，分别用于M4A1至M4A4型号。即使在计划中，登陆艇能够在干海滩上放下跳板，坦克也要安装涉渡套件——因为有太多因素可能阻止登陆艇在岸边抢滩，而坦克又必须尽快上岸，所以它们要做好准备以防万一。涉渡上岸的坦克有一种战术是留在没过车体的水中，车体甲板几乎与水面齐平，利用炮塔上的主炮提供火力支援，并利用海水为车体抵挡敌方还击火力。（当炮塔旋转或主炮俯仰时，炮塔座圈和防盾上的防水密封会被破坏。）

50英尺长的LCM(3)和56英尺长的LCM(6)对盟军来说是至关重要的登陆艇，它们的用途远不止于运送一辆中型坦克上岸。它们体型较小又有足够的机动性，对敌人来说是较难击中的目标。因此它们非常适合运送155毫米榴弹炮、高射炮、推土机、载重卡车和其他在早期波次中就需要的重装备。此外，它们能够搭载多达60名士兵，因此可以运送后续单位，例如预备连队、清障小队、工兵和医疗团队。在主力上岸后，这些“麦克艇”又可穿梭往返，将更多货物和车辆运到滩头，同时将伤员后送，并作为多用途艇承担各种勤务。

穿越海滩的车行道

穿越海滩的车行道

重型车辆能否顺利从登陆艇跳板移动到坚实地面上，是登陆部队能否在敌方海岸建立立足点的关键。即使沙地已被压实，在轮式和履带式车辆开过后，沙地仍然会被翻松，以至于通向海滩出口的车道很快就会变得无法通行。后续车辆又不能简单地开辟新的车道，因为这需要花费大量时间清除障碍和地雷。此外，必须使用各种地垫来减少车辆对车道的破坏。

美军配发了两种地垫，以 10 英尺宽、25 英尺长的规格成卷提供。佐默菲尔德车行道（1）是一种钢丝网，带有横向的半挠性窄规加强筋。切斯帕林车行道为帆布制成，以间隔紧密的木栅栏或板条加强。有时，佐默菲尔德车行道下面还会垫上 30—36 英寸宽的粗麻布卷（两者在这幅插图上都没有显示）。美军使用了机场地垫——方网眼车道（简称 SMT）是一种半挠性的重钢 3 英寸方格钢丝网（2），以 7 英尺宽的规格成卷提供（3），分段之间通过金属夹（4）固定到一起。马斯顿地垫又名打孔钢板（简称 PSP），是一种 15 英寸宽、10 英尺长的多孔钢板（5），它们通过边缘的“凸舌”和卡槽相互锁定。钢丝捆扎的木板条地垫宽度为 3 英尺（6），可供徒步人员通行，两条并排铺设则可支持车辆通行。在登陆部队站稳脚跟后，工兵单位会使用拉铲挖土机、铲式装料机和便携的碎石机开辟采石场，随后铺设穿越海滩的碎石路。

这张插图上，一名穿着褪色的海军舱面兵夹克的海蜂队队员（7）正挥舞着大锤击打带钩的铁桩来固定佐默菲尔德车行道，而一名陆军岸勤队的战斗工兵（8）在拿着小榔头敲打夹具，将一串 SMT 连接在一起。远处，一艘以浮箱组装的“犀牛”渡船（9）已经抢滩，正准备放下一批车辆。

突击波次

突击波次

突击波次的组织不仅在不同作战之间有很大差异，而且在同一次作战的不同单位之间也多有不同。这种差异取决于计划中作战的规模和类型、障碍的密度，以及不同地段海滩后方的地形特点。如果预计会遇到大量坚固的防御工事，就需要尽快让坦克登陆，以充当突击炮使用——虽然登陆部队很少需要靠坦克来击退敌军坦克的反击，但应该确保在出现此类需求时有坦克可用。通常情况下，步兵必须冲锋在前，但在某些情况下，坦克会紧随甚至先于步兵登陆。在步兵和坦克登陆后，清障或爆破小队会立即跟进，清除障碍和地雷。此外，预备连队也会迅速上岸，与其同行的还有轻型高射炮和反坦克炮、更多工兵、医疗救护站和突击指挥所。

通常各个波次会间隔 10 分钟登陆，但先头突击连队、坦克及清障小队与预备连队的登陆时间可能相差 30 分钟。这样可以给突击队留出肃清滩头敌军和建立立足点的时间，使后续波次不必在遍地炮火的海滩上登陆。炮兵将会在一个半到两个小时之后上岸，然后 DUKW 会运来供他们立即使用的弹药，不过他们可能还需要一个小时或更长的时间才能设置好射击阵地。救捞船会紧跟在先头波次后方，而推土机将会通过“犀牛”渡船上岸，它负责清理受损的登陆艇，并帮助回收发生横转或严重搁浅的登陆艇。

这幅插图描绘了 1944 年 6 月 6 日在诺曼底奥马哈海滩的“容易绿”地段，前三个波次的计划登陆过程。这片海滩有“要素 C”障碍和一排木桩作为防御，木桩后方是原木制作的反登陆艇斜三脚架，三脚架后方则是钢制的“刺猬”障碍。图中所示位于水际滩头的第一波次按计划应在 H 时（6:30）登陆：该波次有 4 艘 LCT，每艘搭载第 743 坦克营 A 连的 3 辆谢尔曼坦克（其中一辆装有推土铲），它们将比步兵早一分钟登陆。当这些安装了涉渡通气管的坦克陆续下船时，步兵将会超越它们。H 时后 1 分钟，第二波次的 6 艘 LCVP 将运来第 116 步兵团第 2 营 E 连，该连编为多支突击小队，每队有 30 多人。H 时后 3 分钟，第三波次将会跟进：2 艘 LCM 将运送第 146 工兵营 C 连 27

名士兵组成的清障突击队以及第137和第140海军战斗爆破队的14名水兵登陆。每艘LCM还搭载一辆带推土铲的谢尔曼坦克和两艘橡皮艇，每艘橡皮艇上装有500磅爆破器材。此后，破障小队将有27分钟的时间清除障碍，然后第116步兵团第2营E连的指挥分队和H连一部（机炮分队）将分乘2艘LCVP抵达，另有2艘LCVP将运来高射炮。

然而上述只是计划，实际的战斗与此大相径庭。在D日，第116团第2营E连在计划登陆点以东2000—3000码外登陆，那里实际上是另一个团负责的海滩。大部分坦克在艰难地穿越海滩时被德军密集的炮火击中，清障小组也被压制在滩头，伤亡惨重。后续波次的登陆艇试图寻找打开的突破口，但徒劳无功，已上岸的部队发信号让它们离开，并让它们随便找能登陆的地方登陆。无论部队装备多精良、训练多扎实、组织多合理、计划多周密，两栖突击作战就是如此危险。

注释

1　见 Elite 117，《二战美军两栖登陆战术——陆军与陆战队，太平洋战场》。

2　见 Elite 136，*World War II Airborne Warfare Tactics* 和 *Battle Orders 22*，*US Airborne Units in the Mediterranean*。

3　DUKW 是通用汽车公司的车型代号：D = 定型年份（1942 年），U = 两栖，K = 全轮驱动，W = 双后轴。

4　见 New Vanguard 115，*Landing Ship*，*Tank*。

5　见 Campaign series No.100，D-Day 1944：*（1）Omaha Beach，and Campaign 104，（2）：Utah Beach and the US Airborne Landings；Campaign 105，（3）Sword Beach and the British*。*Airborne Landings 和 Campaign 112，（4）Gold and Juno Beaches*。

6　见 Elite 136，*World War II Airborne Warfare Tactics*。

7　见 Campaign 155，*Anzio 1944*。

扩展阅读

Baker, A.D. Ⅱ (introd), *Allied Landing Craft of World War Two* (Annapolis, MD; Naval Institute Press, 1985. Originally published as *Allied Landing Craft and Ships*, ON1226, 1944)

Bruce, Colin J., *Invaders: British and American Experience of Seaborne Landings 1939—1945* (London; Chatham Publishing, 1999)

Clifford, Kenneth J., *Amphibious Warfare Development in Britain and America 1920—1940* (New York; Edgewood, 1983)

Coll, Blanche D., Jean E.Keith & Herbert H.Rosenthal, *United States Army in World War Ⅱ : The Corps of Engineers: Troops and Equipment* (Washington, DC; US Govt Printing Office, 1988)

Friedman, Norman, *US Amphibious Ships and Craft: An Illustrated Design History* (Annapolis, MD; Naval Institute Press, 2002)

Gawne, Jonathan, *Spearheading D-Day: American Special Units of the Normandy Invasion* (Paris; Histoire & Collections, 1998)

Stanton, Shelby L., *World War Ⅱ Order of Battle: An Encyclopedic Reference to US Army Ground Forces from Battalion through Division, 1939—1946* (Revised Edition) (Mechanicsburg, PA; Stackpole Books, 2006)

Strahan, Jerry E., *Andrew Jackson Higgins and the Boats That Won World War Ⅱ* (New Orleans, LA; Louisiana State University Press, 1994)

二战美军两栖登陆战术
太平洋战场

第二部分

引　言

太平洋绵延 9600 英里——约占地球周长的五分之三，横跨 13 个时区——面积达 7000 万平方英里。虽然太平洋如此辽阔，但如果去掉日本、新西兰、新几内亚、荷属东印度群岛（印度尼西亚）和菲律宾，那么这片大洋上数以万计的岛屿陆地面积合计也只不过 42000 平方英里而已——大致相当于美国的俄亥俄州。太平洋战争的进程就是由如此遥远的距离决定的。从军事角度讲，太平洋战场分为太平洋战区——它本身包括南太平洋、中太平洋和北太平洋战区——和西南太平洋战区（见下图）。前者由海军的切斯特 · W. 尼米兹（Chester W. Nimitz）上将统一指挥，后者则由陆军的道格拉斯 · 麦克阿瑟（Douglas MacArthur）上将指挥。当然，美国陆军、海军和陆战队都会与各自的航空兵一起在这两个战区作战。

日军把岛屿视作可用于设置海军基地和机场的战略防御阵地，他们借助岛屿推进对外征服的行动，然后维持其征服的领土和本土诸岛的外围防御圈。盟军则把这些岛屿视作穿越太平洋的垫脚石——他们沿着这条由岛屿组成的道路修建了众多机场、海军基地和部队前进基地，步步为营地向着最终的目标岛屿——日本前进。根据麦克阿瑟将军的建议，盟军将以“跳岛”战术穿越太平洋，打击敌方的薄弱环节，绕过其坚固据点，实战证明这个战略是成功的。盟军沿着两条路线推进：一条路线穿过南太平洋和中太平洋，从所罗门群岛和吉尔伯特群岛进入属于日本托管领地的马绍尔群岛、加罗林群岛和马利亚纳群岛，然后一路推进至硫磺岛和冲绳，后者是两条路线的交会之地；另一条路线是从澳大利亚出发，沿新几内亚的北岸前进，并途经菲律宾。不过，日军重兵防守的岛屿并非都能绕开。为了修建机场以供当时航程较短的飞机进驻，提供支援下次战役的海军锚地和部队前进基地，以及消灭如果绕过可能构成威胁的敌军重兵集团，某些岛屿是必须占领的。

作为目标的岛屿可谓千差万别，既有珊瑚礁环抱的弹丸小岛——基本上就是覆盖着棕榈树和灌木丛的沙洲——也有地形崎岖、兼具林地与开阔地的大型火山岛，还有重峦叠嶂、丛林密布的特大型岛屿。因此情报至关重要，而关于大部分岛屿的地形和环境，美军都知之甚少。此外，天气也会影响作战，而敌军的能力和战术更是会随着时间推移不断变化。

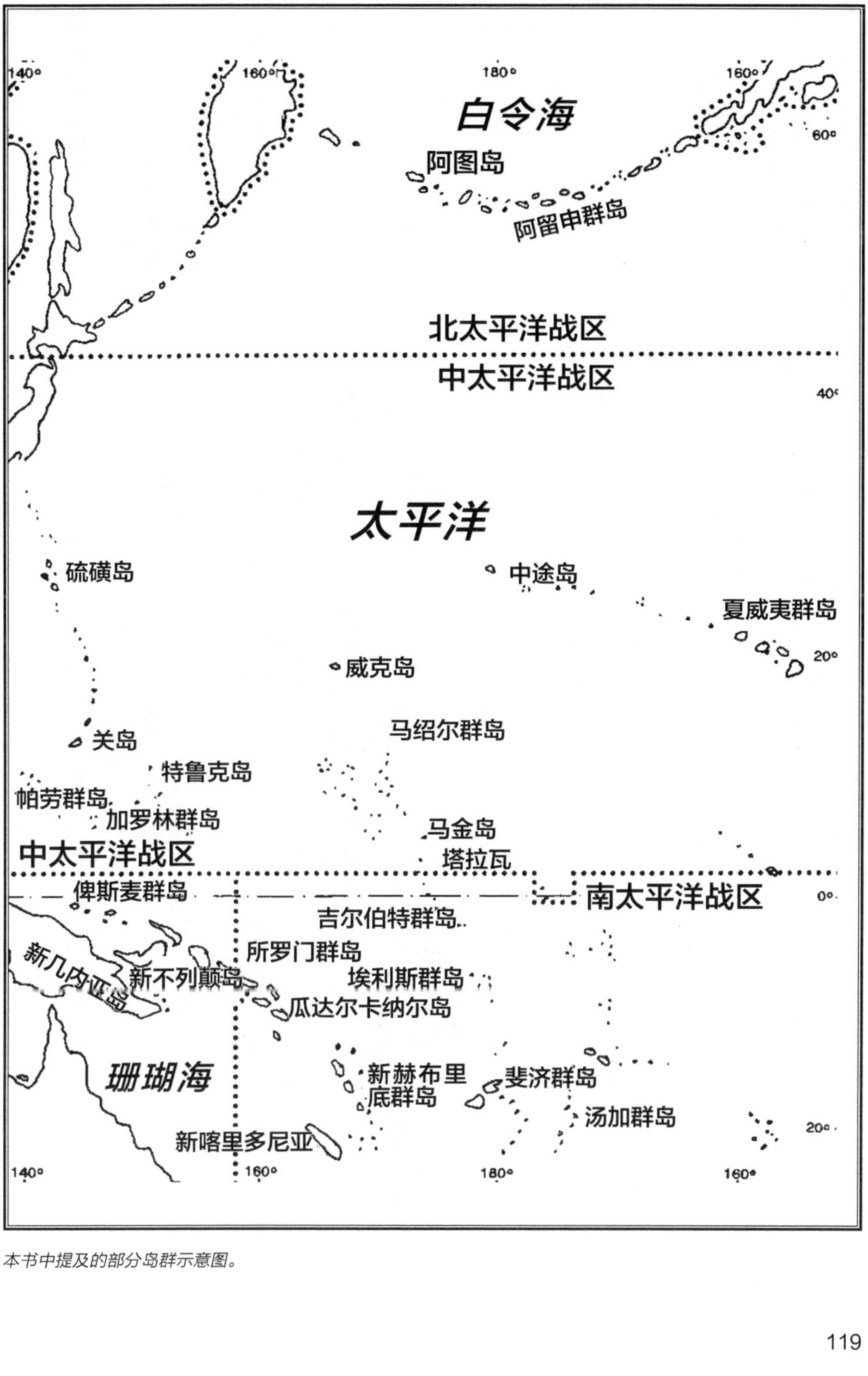

本书中提及的部分岛群示意图。

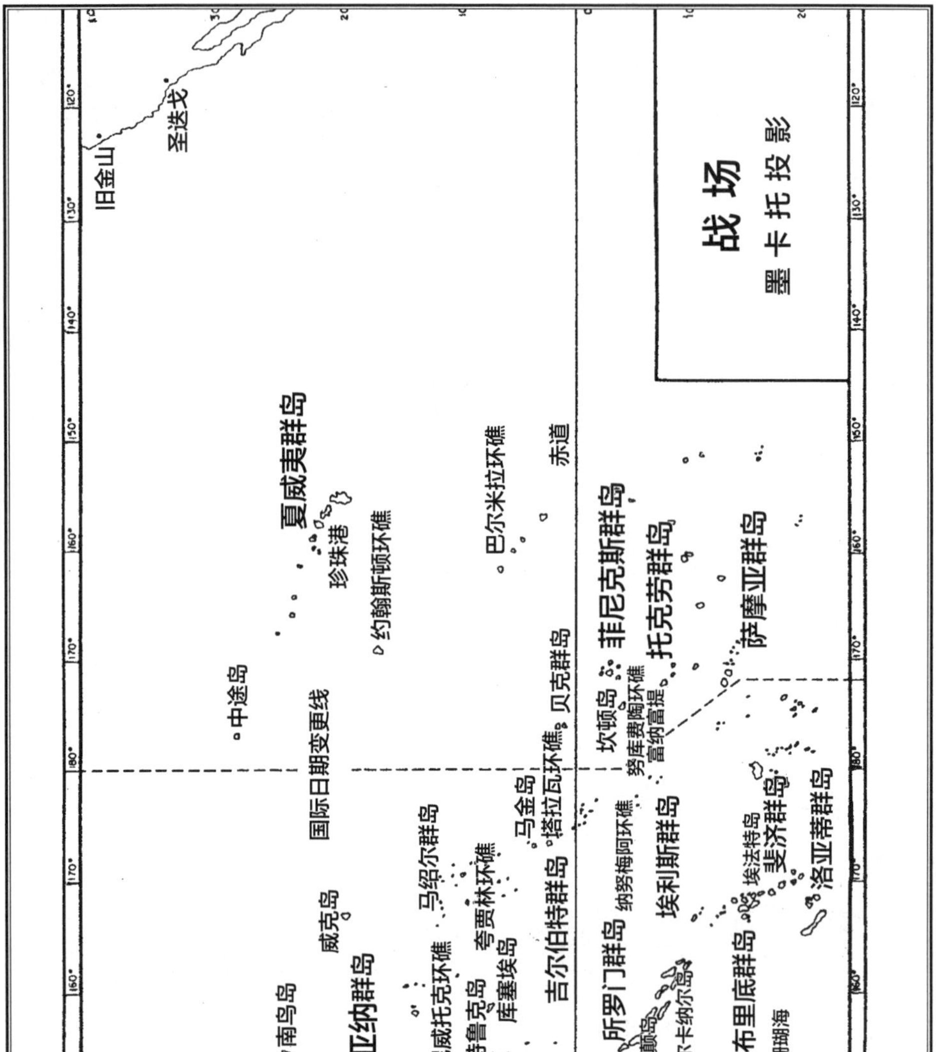

本书中提及的部分岛群示意图。

任何两场两栖战都不会在策划、组织或遂行方面完全相同，具体情况取决于可用的部队和资源、任务、地形、敌军兵力和不断发展的军事学说。几乎每一场两栖战都会产生新的突破，本质上，此类作战也是新式部队、舰船及登陆艇、组织理念、战术、指挥及控制技巧以及后勤流程的试验。两栖战的发展进程贯穿了整个战争。

两栖战学说

战争爆发时，美军的两栖战学说尚处于襁褓期。陆战队是该学说发展过程中的主导兵种，但是它们战前的演习规模和范围都很有限。陆战队在战前的两栖战研究中确定了两栖突击中的六大要素：指挥关系、海军舰炮火力支援、航空支援、由船到岸的机动、滩头控制、后勤。早在1934年的手册中就提出，两栖战部队需要各种根据任务编组的群：运输群（用于运输登陆部队）、掩护群（用于护航和掩护登陆）、火力支援群（提供海军舰炮火力支援）和航空群（提供空中掩护和近距离空中支援）。

海军在登陆艇研发方面投入的精力有限，合适的人员运输舰或其他两栖战舰艇也寥寥无几。陆军在太平洋承担的两栖战任务——事实上比陆战队还多，但是陆战队会在敌军重兵防守的海岸开展大部分的两栖突击。

在一些需要长期进行陆上作战的战役中，陆战队会在完成登陆阶段后被撤下，由陆军部队顶替。这是为了避免将陆战队的兵力浪费在长期消耗战中，以便他们能够用于其他更适合发挥其特长的战场。联合训练常常暴露陆军与陆战队在军事学术上的差异，但通常这些差异都是细节上的，涉及指挥、控制和后勤的问题，一般都能通过实际的联合作战解决。有一个重要差异是陆军最初偏爱夜间登陆，而陆战队选择日间登陆。最终实战证明，夜间登陆仅适合小规模的奇袭作战，在兵力和火力控制、海滩定位、规避障碍、寻找敌军阵地等方面的困难以及其他因素使得天黑后的登陆行动极易失败。

虽然美军在战前就已充分认识到两栖登陆作战的必要性，但战前的演习都是小打小闹，甚至远远不如战时那些规模较小的战役。在1942年春，太平洋舰队只有6艘人员运输舰、2艘物资运输舰和3艘快速运输舰（简称APD）。海军在1941年11月成立了第2联合训练部队，其中包括一个陆战队师和一个陆军师。该部队后来发展成为太平洋舰队两栖军，最终番号定为第5两栖军。1943年8月，陆战队在加利福尼亚州的艾略特营（Camp Elliott）成立了太平洋舰队两栖战训练司令部教导队。该单位作为1943年6月成立于圣迭戈附近的科罗纳多（Coronado）的海军两栖战训练司令部的下属单位，为陆战队和陆军各师开展训练。陆战队第4、第5师以及陆军第81、第86、第96和第97步兵师都在该单位受训。为了让两栖

无论大规模的两栖登陆作战有多复杂，都不能忽视训练中的细节。在这张照片上，驻澳大利亚的美国陆军部队正在练习通过吊货网兜爬进下方的“登陆艇”——此时部队还没有真正的登陆艇用来开展更为真实的训练，只能靠征用的民船凑合。

这张照片提醒我们，两栖登陆作战中，后勤（即把物资和装备送到岸上的能力）的重要性不亚于第一波步兵突击队。这是一个典型的淡水堆场，淡水对于在热带骄阳下战斗的陆战队队员来说是生死攸关的资源。画面中央是一台次氯酸净水器，用于净化从左侧的3000加仑折叠式帆布蓄水池泵出的淡水。

战部队人员接受关于登陆艇操作、维护和控制、通信、空中支援和炮火支援、情报和其他技能的训练，海军设立了多个两栖战基地，科罗纳多只是其中之一。其他基地位于马里兰州的所罗门斯岛（Solomons Island，不要和南太平洋的所罗门群岛混淆）、弗吉尼亚州的利特尔克里克（Little Creek）和佛罗里达州的皮尔斯堡（Fort Pierce）。陆军于1942年6月在马萨诸塞州的爱德华兹营（Camp Edwards）组建了自己的两栖战训练中心，但是该中心在同年10月搬迁至佛罗里达州的卡拉贝尔。在该中心受训并参与太平洋地区实战的师是陆军第77师，不过在该中心于1943年6月解散前，第1至第4两栖工兵旅也曾在那里接受教导。另外，陆军部署到太平洋的师大部分是在加利福尼亚州库克营（Camp Cooke）、圣路易斯奥比斯波营（Camp San Luis Obispo）或夏威夷受训的。

战争期间，两栖战学说不断发展。虽然每次作战都会推出新的战术和技术，但1943年11月陆战队第2师在吉尔伯特群岛中的塔拉瓦环礁贝蒂欧岛（Betio Island）的血战是一个转折点，这场战斗对后续的所有作战都产生了重大影响。美军在研究此战中付出高昂学费获得的经验教训后，认为以下各项是一切两栖突击战的关键因素：

指挥和控制

需要专用的两栖指挥舰、改进的无线电通信网络、更多的组网电台，需要防水性能更好、更耐用的电台，还需要备用的电台，所有部队之间要更密切地协同。

海军舰炮火力和空中支援

需要进一步研究舰炮轰击岸上目标时的引信装定和射击角度；军舰应该射击具体的目标，而不是简单地以炮火覆盖岛屿；需要改进目标指示系统；改善军舰与飞机之间的协同（在炮击过程中，提供空中支援的飞机就应该起飞）；延长登陆前的火力准备时间；必须阻止敌机进入战场区域。

两栖突击

在岛屿的潟湖一侧登陆效果更好；使用履带式两栖牵引车取代登陆艇运送突击队上岸是关键，至少在前四个波次中必须这样做；橡皮艇不适合两栖登陆作战；两栖车需要提高机械可靠性、防护性能和车载火力，还需要在车尾加装下车跳板；需要进行更细致的侦察，并关注潮汐变化；清除水下和滩头障碍并标记路线很重要；需要改进滩头管制；轻型坦克（37 毫米主炮）效能不佳，需要用中型坦克（75 毫米主炮）替代它们；需要夺占邻近的小岛用于火炮放列；需要改进步兵、坦克、工兵的协同训练，增加巴祖卡火箭筒、火焰喷射器和爆破器材的配发数量，而且所有陆战队队员——而不仅仅是工兵——都要接受爆破训练；需要增加医护支援力量并开展更真实的伤员救护训练；需要将弹药和给养放在货运托盘上运输。

以下表格为团级和师级的敌前登陆（仅列出首批突击部队，未列出后续部队）。在 1944 年的塞班岛作战之前，陆战队开展的所有登陆战兵力都不超过一个师，还有过几次营级和团级的登陆战。

美军在太平洋战场的两栖登陆作战

地点	日期	突击部队	行动代号
瓜达尔卡纳尔—图拉吉	1942 年 8 月 7 日	陆战队第 1 师	瞭望塔
阿拉斯加州阿图	1943 年 5 月 11 日	第 7 步兵师	地蟹
新乔治亚	1943 年 6 月 30 日	第 43 步兵师	趾甲
莱斯锚地	1943 年 7 月 5 日	第 1 奇袭团	趾甲
阿伦德尔	1943 年 8 月 27 日	第 172 步兵团	趾甲
韦拉拉韦拉	1943 年 8 月 15 日	第 35 步兵团	趾甲
布干维尔	1943 年 11 月 1 日	陆战队第 3 师	北斗星
马金	1943 年 11 月 20 日	第 165 步兵团	长套
塔拉瓦	1943 年 11 月 20 日	陆战队第 2 师	长套
新不列颠阿拉瓦	1943 年 12 月 15 日	第 112 骑兵团	机敏
新不列颠	1943 年 12 月 26 日	陆战队第 1 师	反拍
罗伊—纳穆尔	1944 年 1 月 31 日	陆战队第 4 师	燧发枪
夸贾林	1944 年 1 月 31 日	陆战队第 7 师	燧发枪
埃尼威托克	1944 年 2 月 18 日	第 1 战术群	法警
阿德默勒尔蒂群岛	1944 年 2 月 29 日	第 1 骑兵师	阴谋家
沃卢帕伊—塔拉塞亚	1944 年 3 月 5 日	陆战队第 5 团	抚慰

新几内亚艾塔佩	1944 年 4 月 22 日	第 163 步兵团	迫害
新几内亚荷兰迪亚	1944 年 4 月 22 日	第 21、第 41 步兵师	鲁莽
新几内亚瓦克德—萨米	1944 年 5 月 17 日	第 163 步兵团	直线
比亚克岛	1944 年 5 月 27 日	第 41 步兵师	犯错
塞班	1944 年 6 月 15 日	陆战队第 2、第 4 师	征粮队
关岛	1944 年 7 月 21 日	陆战队第 3 师、陆战队第 1 旅	征粮队
诺埃姆福尔岛	1944 年 7 月 2 日	第 158 步兵团	旋风
新几内亚桑萨波	1944 年 7 月 30 日	第 6 步兵师	旅行家
莫罗泰岛	1944 年 9 月 15 日	第 31 步兵师	冒失鬼
提尼安	1944 年 7 月 24 日	陆战队第 4 师	征粮队
佩莱利乌	1944 年 9 月 15 日	陆战队第 1 师	僵局
昂奥尔	1944 年 9 月 17 日	第 77 步兵师	僵局
菲律宾莱特岛	1944 年 10 月 20 日	第 7、第 24、第 96 步兵师，第 1 骑兵师	国王二号
菲律宾民都洛岛	1944 年 12 月 15 日	第 24 步兵师	爱恋三号
菲律宾吕宋岛	1945 年 1 月 9 日	第 6、第 37、第 40、第 43 步兵师	麦克一号
菲律宾三描礼士	1945 年 1 月 29 日	第 38 步兵师	麦克六号
菲律宾纳苏格布湾	1945 年 1 月 31 日	第 11 空降师	无
科雷吉多尔	1945 年 2 月 16 日	第 503 伞兵团、第 34 步兵团	无
菲律宾巴拉望	1945 年 2 月 28 日	第 186 步兵团	维克多三号
硫磺岛	1945 年 2 月 19 日	陆战队第 4、第 5 师	分离
庆良间列岛	1945 年 3 月 26 日	第 77 步兵师	冰山
冲绳	1945 年 4 月 1 日	陆战队第 1、第 6 师，第 7、第 27 步兵师	冰山
伊江岛	1945 年 4 月 16 日	第 77 步兵师	冰山
菲律宾棉兰老岛	1945 年 3 月 10 日	第 41 步兵师	维克多四号
菲律宾霍洛岛	1945 年 3 月 16 日	第 163 步兵团	无
小禄半岛	1945 年 6 月 4 日	陆战队第 4 团	冰山

在早期的所罗门群岛战役中，部队还没有配备 LST 和 LCI 之类的大型登陆艇。这张照片拍摄于 1943 年 11 月，画面中这艘二号中型登陆艇正在将一辆陆战队的 1 吨卡车卸载到瓜岛，它是这场早期战役中美军可用的最大登陆艇之一。

两栖战部队

海军两栖战部队

海军的两栖战部队整合了种类繁多的单位和组织，其中有两栖战中队、登陆艇纵队、海军工程营、水下爆破队、前进基地部队，以及包括雷达、通信及医疗分队在内的其他支援单位。

两栖战部队（代表整个组织的总称）发轫于1942年2月，美军当时在弗吉尼亚州诺福克（Norfolk）成立了大西洋舰队两栖战部队。1942年4月10日，太平洋舰队两栖战部队成立，旨在统合太平洋舰队的所有两栖战单位——当时（距离瓜岛登陆战仅有四个月）这些单位仅配备有少量舰船和登陆艇。

在战争初期，太平洋舰队的各支两栖战部队的番号是根据他们负责的地域而确定的。在1943年3月15日，这些部队的番号改为数字编号。8月15日，第15两栖战部队成立，隶属于第5舰队。已有的两栖战部队更改番号后，分别隶属于相同编号的新舰队：

南太平洋两栖战部队改为第3两栖战部队；

太平洋舰队两栖战部队改为第9两栖战部队；

西南太平洋两栖战部队改为第7两栖战部队；

太平洋舰队两栖战部队后方梯队改为太平洋舰队两栖战司令部。

“两栖战部队”的规模和组成可谓千变万化。随着新型舰船大量服役，各部队配属的舰艇也出现巨大差异。舰船经常在各个司令部和部队之间转隶，并根据每次作战任务采用不同的任务编组。

特混编组

海军特混编队的概念起源于1940年4月，当时海军的莫里斯·E. 柯蒂斯（Maurice E.Curtis）少校建议将海军的任务编组番号标准化，使用预先安排好的数字编号。

海军番号系统使用的数字以母舰队的番号开头。某支特定的特混编组可以控

1944年春入役的机械化登陆舰——LSM——是与步兵登陆艇相当的载具。虽然它的尺寸较大，只能像坦克登陆艇一样搭载三辆中型坦克，但它能搭载更多的牵引车和其他较轻的车辆。该登陆艇的舰载防空武器通常为6门20毫米高射炮或1门40毫米炮加4门20毫米炮，不过有些LSM经过改造，搭载了火箭炮用于近距离支援。请注意照片中的船尾锚，它与绞车相连，在卸货后用于拉动船体离开海滩——所有抢滩登陆的登陆舰和较大的登陆艇都配备有此类装置。船尾板显示，该船使用了许多大型登陆舰船采用的“斑点”迷彩涂装——见插图“搭乘LCT的谢尔曼坦克，1944年”。

陆军使用自有的登陆艇遂行由岸到岸的作战任务，其中几次发生在麦克阿瑟将军沿新几内亚海岸实施的“蛙跳式”进军中。这张照片上，身着迷彩服与丛林靴的第 2 特种工兵特种旅的官兵们正在训练间隙小憩。

制同一集团中的其他下属单位，例如在冲绳战役期间，第 50 特混编队就控制着另三个特混编队（第 51、第 57、第 58 特混编队）。而这三个特混编队之一——第 51 特混编队又控制了另外五个特混编队及三个特混大队。

海军部队的特混编组和层级结构可能十分复杂。在针对任务进行编组时，来自不同单位的舰船会被拆散，并会根据需要被分配到各个特混大队、特混小队和特混分队，众多不同类型的舰船会被混编在一起。随着部队实战经验的积累、新型舰艇的投入使用以及作战能力与资源的提升，两栖战部队的任务编组体系也不断演进。

登陆舰（艇纵队）

登陆舰和大型登陆艇的编组为纵队，每个纵队下辖三个大队。这些大队按照在各纵队之间连续的数字编号，例如：第 1 LCI 纵队下辖第 1、第 2、第 3 LCI 大队；第 4 LCI 纵队下辖第 10、第 11、第 12 LCI 大队，以此类推。此外，每个大队又分为两个分队，其编号也是连续的，例如：第1 LCI纵队下辖的第1分队—第6分队。LST和LSM纵队通常各有12艘船，LCI或LSM炮艇纵队也是如此。此外，LCI纵队有24艘船，LCT纵队有36艘。不过，分配给纵队的船只数量常常会有变化，有时多些，有时少些。这些纵队、大队及分队都属于行政编组，在执行任务时它们会被打散后分配到各个特混编组单位，各纵队之间也可能发生舰艇的转隶。这些纵队在行政上归各两栖战部队下属的登陆舰或艇纵队司令管辖。例如，1943年中期的南太平洋部队登陆艇纵队编成如下：

第5 LST纵队：18艘LST；

第5 LCI纵队：26艘LCI(L)；

第5 LCT纵队：30艘LCT(5)；

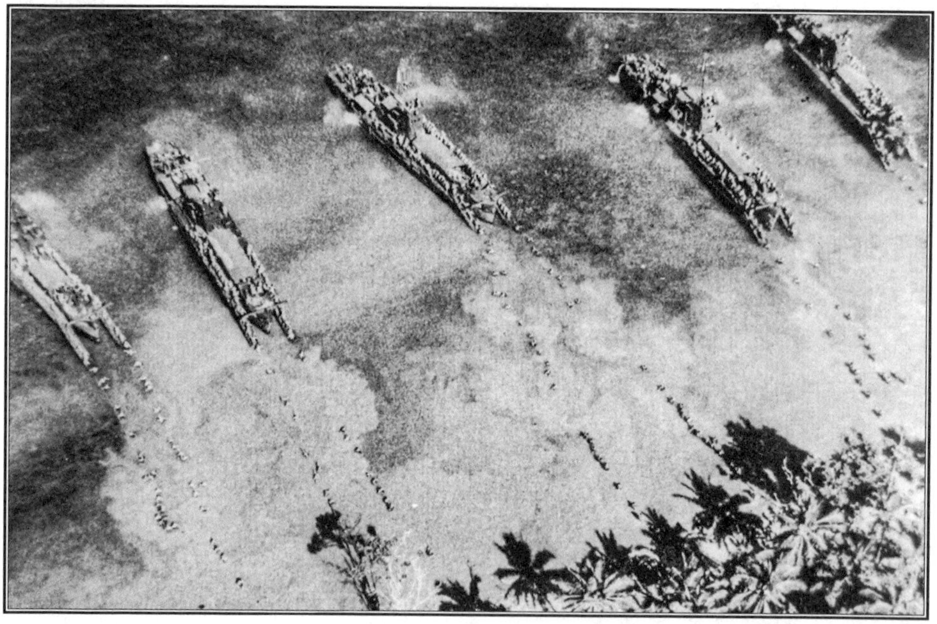

1944年9月15日：早期生产的步兵登陆艇（大型）——LCI(L)——正通过船头两侧的人行跳板，在莫罗泰岛（Morotai Island）的珊瑚礁边缘卸载陆军部队。由于此处礁盘较窄，士兵只需短距离涉水即可上岸，这对他们来说实属幸运。与陆军不同的是，陆战队使用LCI的规模很有限。这批早期“方船桥”型LCI(L)的舷号为LCI(L)-1至LCI(L)-48号、LCI(L)-61至LCI(L)-136号、LCI(L)-161至LCI(L)-196号及LCI(L)-209至LCI(L)-350号。

第 6 LCT 纵队：12 艘 LCT(5)；

第 5 近岸运输舰纵队：10 艘近岸运输舰。

并非所有登陆艇都搭载于两栖战舰上。海军组建了若干标准登陆艇队（简称 SLCU），也称为“舟艇池”。这些艇队配备有 LCM、LCVP 等小型艇只，能为岛屿基地提供区域运输及交通勤务。尽管大部分艇只由海军运作，但也有 76 艘 LST、28 艘 LCI(L) 及大量小型登陆艇由海岸警卫队人员操作（海岸警卫队在 1941 年 11 月—1946 年 1 月期间由财政部转隶海军部管辖）。

海军工程营

海军为避免海外承包的工程因战争中断，工程连队指挥部在 1941 年年底

海军对两栖战部队的一大贡献就是成立了海军工程营，又名“海蜂队”，在这张照片上他们正在铺设用于飞机跑道的马斯登地垫。这些工程兵的工程装备精良、技艺高超、士气旺盛，他们以心灵手巧著称。他们的格言是“Construimus Batuimus”，意为“我们建造，我们战斗”。

建立。美国正式宣战后，海外建设需求大幅增长。海军工程营部队在 1942 年 1 月 5 日被批准成立，而民间建筑工人在 1942 年夏从海外岛屿撤至夏威夷，由海蜂队取而代之。

海蜂队的成员接受过战斗训练，并拥有作战装备，因此他们经常被动员起来保卫自己的工地，并抵御日军的进攻和偷袭。

海军浮箱组装分遣队专门负责建造浮码头、突堤和栈桥。

水下爆破队

海军认识到，需要有一支专业部队负责侦察礁石、障碍和近岸水文条件，以及摧毁登陆艇航道上的人工和天然障碍。1943 年 11 月那场险些失败的塔拉瓦登陆战更是让海军坚定了这一想法。于是在 1943 年 12 月，海军利用海军、陆军和陆战队人员组建了第一批水下爆破队（简称 UDT）。这些“蛙人”（他们唯一的武器就是短刀）首次参与的实战是 1944 年 2 月的罗伊—纳穆尔和夸贾林登陆战，他们在登陆前执行了从 3 英寻半（约等于 6.4 米）水深区至高潮水位线的水文侦察。水下爆破队执行的任务包括定位和摧毁障碍，爆破暗礁以疏通登陆艇航道，标记登陆艇航道，以及报告近岸和滩头情况。后来，每支水下爆破队的编制订为 92 人，全部由海军人员组成。许多水下爆破队是利用 6 人一队的海军战斗爆破队、海蜂队以及在佛罗里达州皮尔斯堡的联合两栖侦察兵和突袭者学校受训的其他人员组建的。此后在太平洋战场的所有登陆战中，水下爆破队的潜水员都担当了开路先锋，他们为胜利立下了汗马功劳。另外，所有水下爆破队都隶属于太平洋两栖战部队水下爆破纵队。1944 年 4 月，海军在夏威夷毛伊岛（Maui）建立了海军战斗爆破训练与试验基地。到战争结束时，约有 3500 名官兵被分配到水下爆破队，在进攻日本本土的计划中，海军曾打算投入 30 支水下爆破队。

前进基地部队

两栖战部队会派出一些预先组建的前进基地部队，负责在作战地区建造、运营与维护海空基地。这类部队通常以海蜂队为基干，并加强配备海军的参谋、技术和支援人员。这类部队中规模最小的是拥有 1600 人的“橡子”（含一个海军工程营），其任务是建造、运营和维护一个陆基飞机或水上飞机前进基地。“橡树”

则是大型的航空基地单位，承担着同样的任务。“幼兽”是一个拥有3900人的单位（含两个海军工程营），能够建造并运营一片战斗区域中的多个海空基地。至于“狮子”，它是此类前进基地部队中规模最大的，由3个半至5个海军工程营组成，人数在7500至10000人不等，负责建造和运营一个大型海军作战基地。

第2特种工兵旅，1944年

第2特种工兵旅旅部和旅部连

第532、第542、第592工兵舟艇及岸勤团，每团下辖：

- 团部和团部连
- 舟艇营
  - 营部和营部连
  - A至C舟艇连
- 岸勤营
  - 营部和营部连
  - D至F岸勤连

第562工兵舟艇维护营

- 营部和营部分遣队
- 第1458至1460工兵维护连
- 第1570工兵重装备修理连
- 第1762工兵零件供应排

第262医疗营

- 营部和营部分遣队
- A至C医疗连

第2特种工兵旅军需总部和总部连

第162修械连

第189军需油料供应连

第 287 通信连

第 695 军需队卡车连

第 3498 中型修械连

第 5204 运输队两栖卡车连

第 2 特种工兵旅暂编支援炮兵连

第 2 特种工兵旅医疗分遣队

第 4116 陆军勤务队军乐队

陆军两栖工兵司令部

因为海军无法提供足够的登陆艇操作人员来支援陆军计划中的作战，所以陆军成立了属于自己的两栖战部队，也就是两栖工兵司令部（简称 EAC）。EAC 负责在欧洲战场支援从岸到岸的两栖战，并作为第 7 两栖战部队的补充，支援麦克阿瑟掌管的西南太平洋战区——海军将重点放在南太平洋和中太平洋，因此在该地区能力有限。EAC 于 1942 年 6 月在马萨诸塞州的爱德华兹营成立。此外，陆军在太平洋部署了第 1 师—第 4 特种工兵旅（第 1 特种工兵旅仅限旅部），每个旅下辖三个工兵舟艇及岸勤团。这些部队起初的番号是两栖工兵旅和两栖工兵团，但是在 1943 年 5 月改为前述名称，两栖战是由海军负责的。

工兵舟艇及岸勤团被视作“特种”后勤和运输部队。每个旅定员为 7400 人，拥有 270 艘 LCVP、270 艘 LCM(3)、32 艘指挥艇、51 艘巡逻、火力支援和救捞艇、21 艘多用途艇和 50 辆 DUKW。有的旅还利用装有机枪和 114 毫米火箭炮的两栖车组建了暂编支援炮兵连。团下辖一个无编号的舟艇营和一个岸勤营，该团能够提供一个步兵师需要的所有登陆艇和岸勤支援。第 2—第 4 特种工兵旅曾在所罗门群岛北部、新几内亚和菲律宾与第 7 两栖战部队协同作战。陆军还拥有两栖坦克和两栖车营，他们经常与装备 DUKW 的运输队两栖卡车连一起支援陆战队。陆军和陆战队都组建了两栖卡车连，每个连装备 50 辆这种绰号为“鸭子”的六轴驱动水陆两用卡车。实战证明它的价值不可估量，无论是运输火炮及物资，还是疏散伤员，都是一把好手。

军工企业试验中的四号履带式（武装）登陆车——LVT(A)4。这种两栖坦克原型车的炮塔装有一门从 M8 自行火炮上拆下来的 75 毫米 M3 榴弹炮。最终，该车的炮塔顶端安装了一挺 12.7 毫米机枪，车头驾驶员观察窗旁边安装了一挺 7.62 毫米机枪。虽然两栖坦克拥有一定的装甲防护，但从来都不能有效替代真正的坦克。它们只是一种应急装备，用于在斯图亚特和谢尔曼坦克登陆前为突击队提供一定的重火力。

登陆部队

人们常常以为，太平洋战场两栖战的主角是陆战队。虽然陆战队确实在太平洋发挥了重要作用，但陆军的贡献其实犹有过之，因为美国陆军有多个师曾在该战场服役：第 1 骑兵师（作为步兵作战）、第 6 师、第 7 师、第 11 空降师、第 24 师、第 25 师、第 27 师、第 31 师、第 32 师、第 33 师、第 37 师、第 38 师、第 40 师、第 41 师、第 43 师、第 77 师、第 81 师、第 93 师、第 96 师、第 98 师、美国新喀里多尼亚师和菲律宾师（后者在 1942 年日军入侵菲律宾后投降）。[①] 此外，还有 5 个独立步兵团（第 102 团、第 111 团、第 147 团、第 148 团和第 503 伞兵团）和作为步兵服役的第 112 骑兵团曾在太平洋服役。这些部队都隶属于三个集团军——第 6、第 8、第 10 集团军，集团军下属的军级部队包括第 1、第 9、第 10、第 11、第 14 和第 24 军。陆军的 18 个师共执行了 26 次大规模的两栖登陆作战。

陆战队第 1 师—第 6 师（其中第 6 师是以陆战队暂编第 1 旅为基础组建）曾在太平洋作战，隶属于第 3 和第 5 两栖军。第 3 两栖军在 1943 年 4 月前的番号是陆战队第 1 两栖军。第 3 和第 5 两栖军的番号中去掉了“陆战队”一词，因为他们是作为跨军种联合的军级部队组建的，因此可能会有陆军部队加入。他们的番号之所以没有按顺序分配，是因为他们隶属于第 3 和第 5 两栖战部队。陆战队的 6 个师共执行了 15 次两栖突击作战，平均每个师的作战次数高于陆军同行。陆战队各部与其他地面、空中和支援作战部队归舰队陆战部队统一管辖。1944 年 6 月成立的太平洋舰队陆战部队负责管辖第 3 和第 5 两栖军、陆战队航空兵和后勤活动。

虽然陆军和陆战队的师在编制和装备方面相似，但也有一些重要的差异：陆军的步兵师编制在战争期间保持稳定，只有细微的兵力变化；陆战队的师则是一年一改。

一个陆军步兵师下辖三个步兵团，每团下辖三个步兵营，以及一个加农炮连、一个反坦克连、一个勤务连和一个医疗分队。师属炮兵有一个 155 毫米野战榴弹

① 译者注：原文缺第40、第41、第43、第77师，加上以后共22个师，可能分歧在于是否计入以菲律宾人为主的菲律宾师。

1945 年 3 月，第 40 步兵师的官兵搭乘第 2 特种工兵旅的人车两用登陆艇——LCVP——和三号中型登陆艇——LCM(3)，兵不血刃地登上了菲律宾的班乃岛（Panay Island）。在这次登陆行动的准备阶段，菲律宾游击队已经提前控制了众多海滩。

炮营和三个 105 毫米野战榴弹炮营。其他师属部队包括战斗工兵营、医疗营、通信连、轻型修械连、军需连和侦察连。各师为遂行两栖战而配属的分队各有不同，但是到了战争后期，通常都会额外加强两三个战斗工兵营、坦克营和高炮营，以及一个军械弹药连、一个野战医院和一两个流动外科手术医院。

战争爆发时，一个陆战队师下辖三个步兵团和一个炮兵团，每个步兵团下辖三个营和一个机炮连，炮兵团下辖一个 105 毫米榴弹炮营和三个 75 毫米榴弹炮营。此外陆战队师还有两栖车营、战斗工兵营、轻型坦克营、医疗营、普通工兵营、勤务营和特种武器（反坦克炮和高射炮）营。1942 年还增加了一个工兵团，由原来的战斗工兵营和普通工兵营外加一个海蜂营组成。1944 年这个团被拆散，保留了战斗工兵营和普通工兵营，海蜂营则重归海军管辖。从 1942 年年底到 1944 年年初，炮兵团改为下辖三个 75 毫米炮营和两个 105 毫米炮营。在 1944 年，进一步缩减为 75 毫米炮和 105 毫米炮各两个营。到了 1945 年，四个营全都装备 105

起初美军低估了日夜轮班地卸载滩头舰艇所需的岸勤人员数量。在登陆战的最初几天，除了专门分配的普通工兵和战斗工兵部队，作为预备队的步兵营也要承担装卸任务，直到被调到前线参与战斗为止。

毫米炮。两栖车营在1944年5月转隶舰队陆战部队,特种武器营则被撤销。1943年,陆战队师增加了一个机动车运输营。此外，通常会有一个装备岸防炮和防空武器的海防营伴随陆战队师行动，在1944年年初，这个营被拆分后组成高炮营和155毫米炮营,隶属于军级部队。而且,陆战队师还会加强一个不属于工兵团的海蜂营,以及医疗单位和小型勤务单位。

为了遂行两栖突击，陆战队师通常会将其勤务和特种单位组织为多个“群”。这些群的组成并不一致，但可能包括武装两栖车群、两栖车群、炮兵群、高炮群、工兵群、岸勤群、补给群、勤务群、医疗群和预备群。这类群会围绕基本的师属单位组建，减去下放到团级战斗队的分遣队（见下文），加上增援单位，他们由主要单位的指挥官指挥。

陆军和陆战队的步兵团都会根据任务编组为团级战斗队（简称RCT，简写为CT）。团级战斗队的编组差异极大，其具体根据任务、战场情况和可用的支援单

DUKW-353（绰号“鸭子”）水陆两用卡车被实战证明价值非凡，无论运输火炮及物资，还是疏散伤员，都是一把好手。这辆卡车上安装了一个人字形起重臂，用于从其他车辆吊装物资。

位确定。陆军团级战斗队通常有一个轻型或中型坦克连、一个战斗工兵连和一个医疗收容连，外加来自师属通信、后勤、维修和联合突击通信连的分遣队，以及由一个非师属工兵连乃至工兵营组成的岸勤队。此外，通常还会配属一个 105 毫米野战炮营。陆战队团级战斗队通常有战斗工兵连、普通工兵连、海蜂连、轻型或中型坦克连、医疗连和机动车运输连，外加来自特种武器营的 37 毫米反坦克炮连和 40 毫米高射炮排，以及宪兵、修械、补给与勤务排，联合突击通信连分遣队和充当担架队的军乐队分队。在战争初期，陆战队团级战斗队还会配属一个炮兵营，但是从 1944 年年初开始，炮兵营与团级战斗队的登陆改为分开进行，并且炮兵营始终由师级直接指挥。

步兵营也会进行类似的任务编组，编为营级登陆队（简称 BLT，简写为 LT）。一个营级登陆队可能包含一个团属反坦克炮排，也可能包含一个工兵排（往往会组成若干个携带火焰喷射器和炸药的破障小组）。有时营级登陆队还会配属自行反坦克炮，以及岸勤和滩勤通信组、岸勤火力控制队和对空联络队。另外，营级登陆队通常还会配属一两个坦克排，但他们将在后续波次中上岸，而不会随突击波次登陆——最初的突击需要依靠两栖坦克。

陆战队和陆军的各军往往根据战场形势和可用的支援部队进行差异极大的任务编组。在一些战例中，仅投入极少数军属单位，这是因为作为目标的岛屿面积狭小，作战时间预计也很短暂；但是在规模较大、时间较长的战役中，会部署完整和经过加强的军属单位。军属单位包括重要的后勤和勤务支援单位、工兵、通信和医疗单位，以及多个军属炮兵营。配属给师或军的高炮营数量取决于空中威胁程度以及战场与日军航空基地的距离。

团级战斗队和营级登陆队示例

1944 年 7 月，关岛

陆战队第 3 师第 21 团级战斗队

陆战队第 21 团（加强）

第 3 坦克营 B 连第 1 排和第 2 排

陆战队第 19 团第 1 营（战斗工兵）B 连

陆战队第 19 团第 2 营（普通工兵）（欠 D 连和 F 连）

第 25 海军工程营 H 连（加强营部连分遣队）

第 3 侦察连第 2 排

第 3 机动车运输营 B 排

第 3 医疗营 B 连

第 2 通信犬分排（欠一个班）

第 2 陆战犬排

第 3 陆战犬排第 2 侦察犬分排（欠一个班）

第 3 联合突击通信连分遣队

第 2 军乐队分队

第 77 步兵师第 306 团级战斗队

第 306 步兵团（加强）

第 304 野战炮营（105 毫米榴弹炮）

第 132 战斗工兵营（岸勤队）

第 302 战斗工兵营 B 连

第 706 坦克营 B 连

第 302 医疗营 B 连（收容）

第 7 高射炮营 B 连（半机动）

第 36 野战医院第 1 排

第 77 通信连分遣队

第 777 轻型修械连分遣队

第 292 联合突击通信连分遣队

1943 年，新不列颠（为独立执行任务而派遣的营级登陆队）

陆战队第 1 师第 21 营级登陆队

陆战队第1团第2营

陆战队第11团第3营H连（75毫米榴弹炮）

第1特种武器营A连第4排（37毫米反坦克炮）

第1两栖车营B连第2排

第1医疗营B连第1排（手术）

陆战队第1团机炮连37毫米反坦克炮排

第583通信雷达营C连分遣队（陆军）

第592工兵舟艇及岸勤团暂编舟艇营分遣队（陆军）

澳大利亚—新几内亚行政部门分遣队（脚夫）

两栖车和两栖坦克

两栖车和两栖坦克被实战证明是两栖突击中必不可少的装备。在战争初期，两栖车仅仅被视作运输车，用于穿越珊瑚礁运送物资，以及在陆地上将物资拉到前线。在1943年11月，陆战队首次使用它们运送突击队在塔拉瓦登陆，同时陆军也在马金岛如法炮制。从那时起，大部分两栖突击波次都是搭乘两栖车登陆的。实战证明它们是作战成功的关键，因此霍兰·史密斯（Holland Smith）少将建议为陆战队和陆军的每个师提供312辆LVT(2)——三个两栖车营——和75辆LVT(A)1——一个两栖坦克营的支援。尽管如此陆军在新几内亚和菲律宾的登陆大多仍然通过登陆艇完成，因为当地敌军在水际滩头的抵抗基本为零。

在面积较小的太平洋岛屿上，情况则完全不同。两栖车在那里有举足轻重的意义：登陆艇往往无法穿越环绕岛屿的珊瑚礁，如果没有两栖车，士兵们就只能冒着猛烈的炮火长距离涉水穿越珊瑚礁。通常一个两栖车营能够运送一个团级战斗队登陆，而一个或多个两栖坦克连将作为突击先锋，用火力为突击波次开道。一个两栖车营下辖三个连（不过有时还会增加一两个连），每连装备30辆车，一个连能够运送一个步兵营登陆。陆军和陆战队的两栖车营编制是相同的，而陆战队的“装甲两栖车”营和陆军的“两栖坦克”营也是如出一辙——差异只在名称上。这种营通常下辖三个连，每连装备18辆两栖坦克，即LVT(A)。

两艘 LCT(5) 正在卸货，一艘 LCT 在搭载三辆中型坦克之余，还能运送大量普通物资。这张照片生动体现了滩头空间分配的难处——海滩勤务指挥官可能正绞尽脑汁地确定物资堆放地。

硫磺岛的海滩很狭窄，边缘环绕着粗砺的火山砂组成的陡峭阶地，给物资和装备的机动带来了特殊的“难题”。阶地的高度为 8—15 英尺不等，坡度为 40—45 度——阶地后方则是更高的高地。轮式车辆不可能爬上阶地，履带式车辆也少有能成功的——大多数会在中途抛锚，它们的履带在沙地上毫无抓地力可言。那些成功登顶的车辆通常会深陷砂中，以至于车底都会触地。当它们的履带为了前进而飞速运转时，会刨出越来越深的车辙，扬起的砂砾又会堆积在后方，给后续的车辆又制造一道障碍。

通常在初步登陆完成后，两栖车单位就会重归师级乃至军级管辖。之后它们会被用于运送物资登陆并输送至前方，疏散伤员，建立防范日军反登陆的滩头防御，调动预备队，等等。两栖坦克单位也会建立滩头防御并提供间接火力支援，但是一旦离开滩头，它们的战斗效能就远不及真正的坦克。两栖车能够穿越珊瑚礁和软沙滩，通过大部分湿地、灌木丛和小树林，但是它们也有一些缺点。它们的车底离地高度较低，履带也较窄，因此崎岖地面、深弹坑、反坦克壕、密集碎石和残骸、厚厚的淤泥、大块岩石或树桩都可能阻止它们前进。它们体型高大，无装甲防护（连步枪子弹都能打穿薄钢板制成的车体），在地雷面前非常脆弱，汽油发动机使它们极易起火燃烧，而且机枪射手暴露在外毫无防护。如果它们在海上耗尽燃油（油箱容积很有限），发动机驱动的舱底泵会停止工作，然后它们就会迅速沉没。两栖坦克被实战证明不能替代常规坦克，而且两栖车有的大部分缺点它们都有。两栖车的越障能力、行驶速度和装甲防护都不如常规坦克，而高大的体型使它们成为敌人能轻易击中的靶子。

两栖车和两栖坦克基本数据

型号	生产数量	武器	载人 / 载货能力	车组	首次实战
两栖车：					
LVT(1) 短吻鳄	540	1 挺 12.7 毫米机枪、1 挺 7.62 毫米机枪	20 人 /4500 磅	3	1942 年瓜岛
LVT(2) 水牛	1355	1 挺 12.7 毫米机枪、3 挺 7.62 毫米机枪	24 人 /6500 磅	3—4	1943 年塔拉瓦
LVT(3) 大毒蛇	2962	1 挺 12.7 毫米机枪、1 挺 7.62 毫米机枪	24 人 /12000 磅	3	1945 年冲绳
LVT(4)	1765	1 挺 12.7 毫米机枪、1 挺 7.62 毫米机枪	24 人 /8000 磅	3	1944 年塞班
两栖坦克：					
LVT(A)1	182	1 门 37 毫米炮、1 挺 12.7 毫米机枪、3 到 4 挺 7.62 毫米机枪	无	6	1944 年罗伊—纳穆尔
LVT(A)4	533	1 门 75 毫米榴弹炮、1 挺 12.7 毫米机枪、1 挺 7.62 毫米机枪	无	5	1944 年塞班

岸勤队

一旦部队成功登陆，岸勤队的支援就必不可少，同时它还需要无数人力。关键物资的及时发放对于在内陆战斗的部队至关重要。穿越海滩的后勤运输是两栖战中特有的难题之一，而且它的难度往往是最大的。这一环节也是战争初期最不成熟的方面，其发展演变贯穿了整场战争。该环节成功的核心理念在于以海军、陆战队和陆军分队组成全面整合的岸勤队。

此前，美军有两种不同的组织负责登陆战的后勤工作。理论上，滩勤队管理海滩上的活动，而岸勤队负责管理沙丘线后方的其余滩头区域。

为了解决卸载登陆艇的人力需求，陆战队和陆军采用了不同的方法。陆战队在 1942 年年初组织了师属普通工兵营，其他分队包括战斗工兵、军需和后勤、机动车运输、医疗、通信、联合突击通信和宪兵单位派出的分遣队。陆战队还在岸勤队中大量利用海蜂营，并组建了仓库和弹药连队来充当装卸工。相比之下，陆军则组建了岸勤营，作为两栖工兵司令部旗下的舟艇及岸勤团的下属单位。在没有此类单位的情况下（例如在中太平洋战区和冲绳战役中），战斗工兵营则会承担这一职责。此外，陆军还和陆战队一样，利用从各种专业单位抽调的分遣队以及运输队的港务连，后者主要负责装卸工作。

战前演习中得出的经验法则规定，在滩头的每艘货船应该安排 100 人卸货。但实战得出的经验表明还需更多人手——每艘物资运输舰、人员运输舰和 LST 需要 150 人卸货，每艘 LCT 需要 50 人卸货，每艘 LCI 需要 25 人卸货。因此，在必要时应该把作为预备队的步兵单位用于此项任务，直至需要将他们调往前线为止。从 1945 年年初起，补充兵员会伴随陆战队师行动，并且最初都会被分配到岸勤队。大约 5 天后，待主要卸货工作完成，他们才会被分配到战斗部队。

陆战队和陆军的岸勤队以及海军的滩勤队都被整合在暂编的军属和师属岸勤集群中，这类集群会根据每次的作战任务定制，通常由高级后勤或工兵军官指挥。师属岸勤队会被分拆为团级战斗队和营级登陆队的岸勤队。在陆战队中，营级登陆队的岸勤队以一个普通工兵排为核心组建，而在陆军中，则是以一个岸勤连（如果有舟艇及岸勤团参战的话）或一个战斗工兵连为核心组建。这两者都包含联合突击通信连分遣队（见下文）。岸勤队按职能划分为多个“排”和“分排”，不过它们的人数要多于普通的排和分排。总部排——由普通工兵连、岸勤连或战斗工

突击波次已经杀进腹地，而后勤部门为了供给登陆部队和维持岸上的长期作战，正在付出巨大努力。在这张照片上，LST 和小型登陆艇挤在滩头，正在源源不断地“吐出”各种货物。

兵连组成，加强各种勤务单位的分队——包括指挥、侦察、地图和联络小组，以及供给、炊事和医疗分排。勤务排由普通工兵连、岸勤连或战斗工兵连的主力组成，下辖一个滩头劳工“分排”（由若干个装卸排组成）和一个堆场劳工及记录分排。通信排负责运作无线电和电话网络、通信中心和视觉信号。岸勤排下辖武器、工兵、宪兵、机动车运输和修理分排，负责指挥交通、管理掉队人员和俘虏、进行应急车辆修理、提供局地防御，以及承担各种工兵任务，例如修筑滩头至堆场的道路、清理堆场、清除地雷和障碍以及爆破。攻击人员运输舰和攻击物资运输舰上 100 多名船员会参与卸货。海军滩勤队由攻击人员运输舰上的 3 名军官和 43 名士兵组成，分为指挥、水文测量、舟艇修理、通信和医疗分排。

在岸上为两栖突击提供支援的最有价值的组织之一是联合突击通信连（简称 JASCO）。联合突击通信连由陆战队或陆军人员及海军人员组成（包括航空联络军官）。营级规模的联合突击通信“连”是在 1943 年年末开始组建的，用于取代

背景中是舷号为 761 的坦克登陆舰，以及两艘人车两用登陆艇的残骸，从舷号看它们分别是来自 APA-196 的 13 号艇和 APA-206 的 5 号艇。前景中是一辆克莱弗 - 布鲁克斯三吨半两栖货运拖车。该车车顶配有水密舱门，内部设有浮力隔舱。实战证明，两栖车很难牵引这些拖车，因此通常它们上岸以后就不会被回收。

此前临时编组的岸上火力控制和航空控制团队。联合突击通信连能够协调与控制海军舰炮支援和近距离空中支援。这种连队下辖一个87人的连部、一个30人的岸勤及滩勤通信队，以及一个配属给师部的4人航空联络小组。此外，还有三个团级战斗队分排，每个分排下辖三个20人的岸勤及滩勤通信队、三个7人的岸上火力控制小组和四个4人的航空联络小组——团级战斗队下属的三个营各配属一个航空联络小组，另外还有一个小组被配属给团部。

指挥、控制与组织

虽说任何两场战役的组织情况都不会完全相同，但也有基本的相似之处。太平洋舰队兼太平洋战区总司令（简称 CINCPAC/POA）的职责是指挥全局。他指定的特混舰队司令则在现场直接指挥作战。舰队司令要指挥负责两栖突击的联合远征部队，以及支援作战的快速巡洋舰部队、陆基航空兵部队、潜艇部队和某些预备队及后续守备部队。特混舰队下辖的两栖战部队的司令通常兼任远征部队司令（这一术语是从 1944 年年初开始使用的）。他将指挥 1—2 支攻击部队、1 支预备部队（远征部队流动预备队）和某些勤务部队。在许多战役中有两支攻击部队参战，因为需要分头攻取两个岛屿（例如在马绍尔群岛或马里亚纳群岛战役中），或者需要以两个军登陆一个大岛（例如在菲律宾或冲绳战役中）。一支攻击部队输送和支援的登陆部队规模从一个加强团到一个师或一个军不等。

运送一个陆军步兵师或陆战队师的“典型”攻击部队是围绕登陆部队组建的，其中包含一个运输群，由两到三个运输分队组成。每个分队拥有三到四艘攻击人员运输舰、一艘攻击物资运输舰、一艘 LSD，可能有一艘人员运输舰用于替代第四艘攻击人员运输舰。此外，牵引车群可能包含八到十艘搭载两栖车的 LST。指挥群由若干艘猎潜艇和小型指挥艇组成，负责协调和引导突击波次，而搭载 UDT 的快速运输舰通常也会分配给指挥群。另外，六艘左右驱逐舰会组成运输舰护卫群。火力支援群可能包括两到四艘配备 356 毫米主炮的旧式战列舰、两到三艘重巡洋舰和轻巡洋舰，八到十几艘驱逐舰，以及一两个 LCI 分队。每个分队拥有六艘发射火箭的 LCI 炮艇。火力支援群通常会分为若干个包含多种舰型的混合“分队”，分别负责特定目标区域。航母支援群拥有三艘护航航空母舰，每艘装备近 30 架战斗机和鱼雷轰炸机用于提供近距离空中支援，并由三到四艘驱逐舰护航。规模不一的扫雷和水文测量群也必不可少，它们负责清扫接近海域和入口航道。还有规模不等的防务和守备群，负责运输在岛屿上驻守和建设基地的后续部队，这些部队将搭乘 LST、人员运输舰和物资运输舰。此外，将有一支流动预备队搭乘类似舰船或攻击人员运输舰。而且，还可能包括勤务、救捞和加油群。

登陆部队的军长和师长通常兼任登陆部队司令。他们负责在登陆期间以及后续岸上作战中指挥突击部队和支援部队。如果有两支或更多大部队要在同一个岛屿上登陆，但是被遥远的距离或大型地形特征隔开，或者他们将要登上同一个群岛中的不同岛屿，那么这些突击部队会被指定登陆部队代号或其变体。这类代号通常根据相关部队的基本方位确定，例如北路登陆部队、西路登陆部队等等。两栖突击由攻击部队（负责运输登陆部队的海军编队）司令直接指挥。建立滩头阵地后，岸上战斗的指挥权通常会在发起登陆后数小时内正式移交给登陆部队司令。攻击部队的司令将继续负责提供海军舰炮支援和近距离空中支援、运送部队和物资上岸、疏散伤员等。

攻击部队示例：1944 年 6 月，塞班

第 51 特混编队（联合远征部队）

第 52 特混编队（北路攻击部队）

第 52.3 特混大队（A 运输群）

9 艘 APA、2 艘 AP、3 艘 AKA、2 艘 AK、2 艘 LSD（搭载陆战队第 2 师）

第 52.4 特混大队（B 运输群）

9 艘 APA、4 艘 AP、3 艘 AKA、2 艘 AK、3 艘 LSD（搭载陆战队第 4 师）

第 52.8 特混大队（东路登陆群）

6 艘 APD（搭载陆战队第 2 团第 1 营）

第 51.1 特混大队（联合远征部队预备队）

7 艘 APA、7 艘 AP、1 艘 AKA、1 艘 AK、6 艘驱逐舰、6 艘护航驱逐舰、1 艘舰队远洋拖船、1 艘布网船、1 艘网具运输船（搭载第 27 步兵师）

第 52.12 特混大队（运输舰护卫群）

15 艘驱逐舰、1 艘 APD、4 艘护航巡逻艇

第 52.5 特混大队（牵引车纵队）

A 牵引车群 21 艘 LST

B 牵引车群 27 艘 LST

第 52.6 特混大队（指挥群）

3 艘 APD、14 艘猎潜艇、7 艘 LCC、25 艘 LCI（搭载第 5 和第 7 水下爆破队）

第 52.17 特混大队（第一火力支援群）

4 艘战列舰、2 艘重巡洋舰、2 艘轻巡洋舰、16 艘驱逐舰

第 52.10 特混大队（第二火力支援群）

3 艘战列舰、4 艘重巡洋舰、2 艘轻巡洋舰、9 艘驱逐舰、2 艘 APD、1 艘水上飞机母舰、2 艘扫雷舰

第 52.14 特混大队（第一航母支援群）

4 艘护航航空母舰、5 艘驱逐舰

第 52.11 特混大队（第二航母支援群）

3 艘护航航空母舰、6 艘驱逐舰

第 52.13 特混大队（扫雷与水文测量群）

14 艘扫雷舰、5 艘辅助机动扫雷艇、12 艘 LCC、6 艘 LCV

第 52.7 特混大队（勤务与救捞群）

3 艘舰队远洋拖船、1 艘修理船、2 艘救捞船、1 艘水上飞机母舰、1 艘 ARK

第 50.17 特混大队（加油群）

4 艘护航航空母舰、7 艘驱逐舰、19 艘护航驱逐舰、21 艘油轮、4 艘医院船

第 99.3.5 特混分队（海军第 8、第 9、第 11 工程营）

两栖战的准备工作是一项艰巨的任务，这需要耗费数周时间来集结船队，拟定登船顺序及战斗装载计划，将大批车辆、装备、弹药、物资和兵员实际装载上船，最后分批出发（LST 纵队等速度较慢的船队需要早一点离港）。

部署登陆部队

步兵连通常会组织为若干“登艇队”，基本上就是将步兵排拆成两队，每队分配到一辆两栖车或一艘 LCVP。每个队将各自为战，直到在战斗间歇中重新组成排。另外，连不留预备队，不过通常每个连会以两个排在前方作战，一个排负责支援。一个营通常会以两个连并排登陆，有时是三个连并排登陆，但即使在后一种情况下，在扫清邻近的登陆场后，通常也会有一个连转为预备队。一个团基本上总会留一个营作为预备队，通常以两个营并排登陆。

一个师通常会以两个团并排登陆，另一个团留作师预备队。师偶尔以三个团并排登陆，此时会从各团中抽出一两个营组成师预备队，为师预备队提供营的团可能自己会留一个连作为预备队。在战争初期，师预备队会留在海上，等到必要时才登陆。但是后来美军发现，如果滩头阵地上有空间，那么让师预备队在 D 日晚些时间登陆比较好，这样就可以在需要时立即投入预备队。军预备队通常会留在海上，直到需要时才登陆。登陆后的最初几天，指挥官总是不愿投入所有预备队，因为局势可能快速变化。一旦局势稳定下来，在登陆场抵抗的日军主力被击溃，指挥官就会更痛快地将预备队投入前线。这可能发生在登陆的几天之后，但也可能发生在短短数小时以后。

由于伤亡不断增加，而能够立即获得的补充又极少（如果不是没有的话），随着夺岛战斗持续，部队能够占领并控制的正面会变得越来越窄。因此在很多时候，需要根据部队兵力、敌军抵抗强度、地形等因素，将某一或所有级别的预备队投入前线。投入预备队有立竿见影的好处，即能够让前线顶住日军的反扑（在大多数情况下，敌军的此类威胁是有限的，因为到了战役的后期，他们也已遭受了惨重损失，例如大部分重武器都被摧毁），但也会带来严重的后果。任何级别保留预备队，部队就有轮流撤下火线休整的机会。如果将所有部队都投入战斗，那么所有士兵或多或少会在同一时间耗尽体力，没有一支战力比较完整的部队来把握有利战机——例如夺取突击队因为过于疲惫或伤亡过大而无力攻克的关键山头。此外，如果需要肃清被绕过的敌军据点、散兵游勇和渗透人员（他们都会造成严重问题），预备队也是必不可少的。

虽然每个师都会竭尽所能保留一个团作为预备队，但很多时候他们只能留下一两个营。在战役后期，随着日军的抵抗强度和战斗力快速下降，这种情况尤为

第 62 特混编队巡航阵形

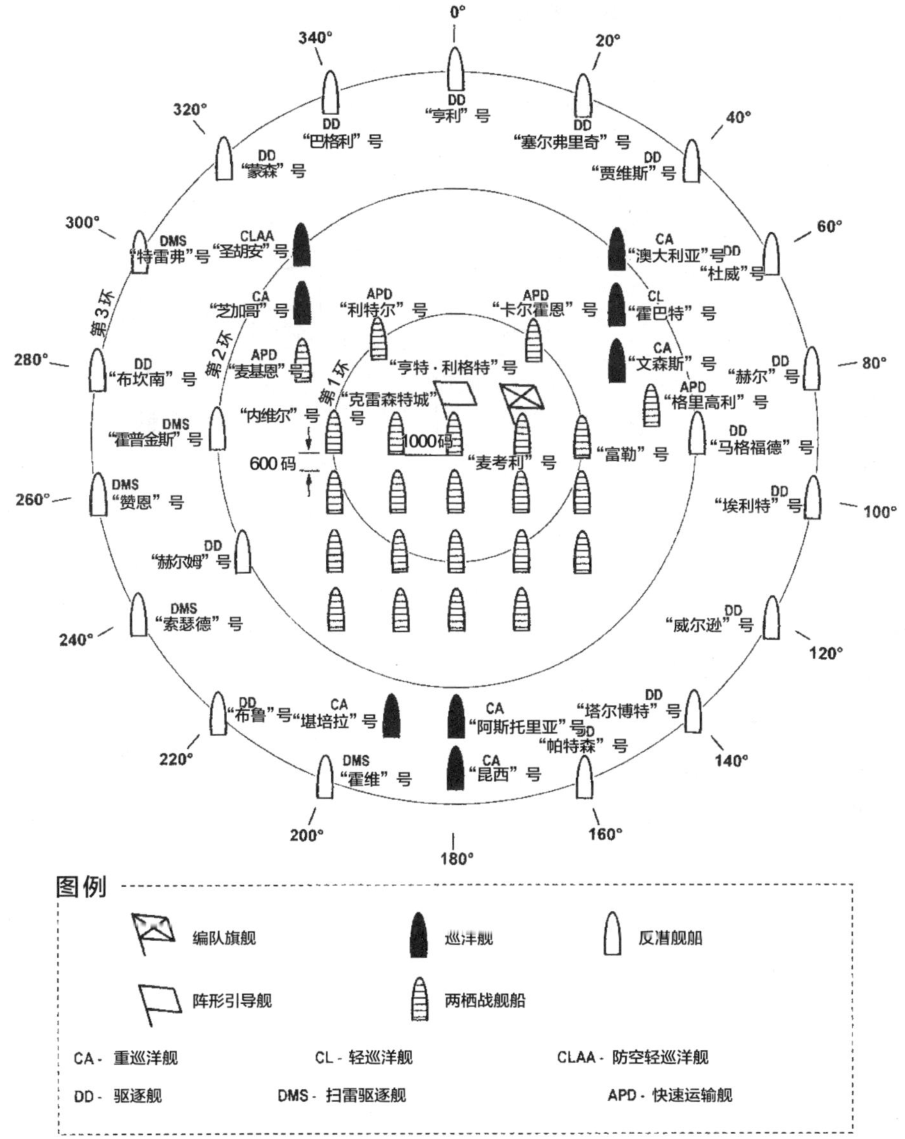

这张示意图显示了 1942 年 8 月第 62 特混编队前往瓜达尔卡纳尔岛途中所用的阵形，两栖战船队的前方和后方都有巡洋舰保护，驱逐舰组成的外环则将它们围在中间。

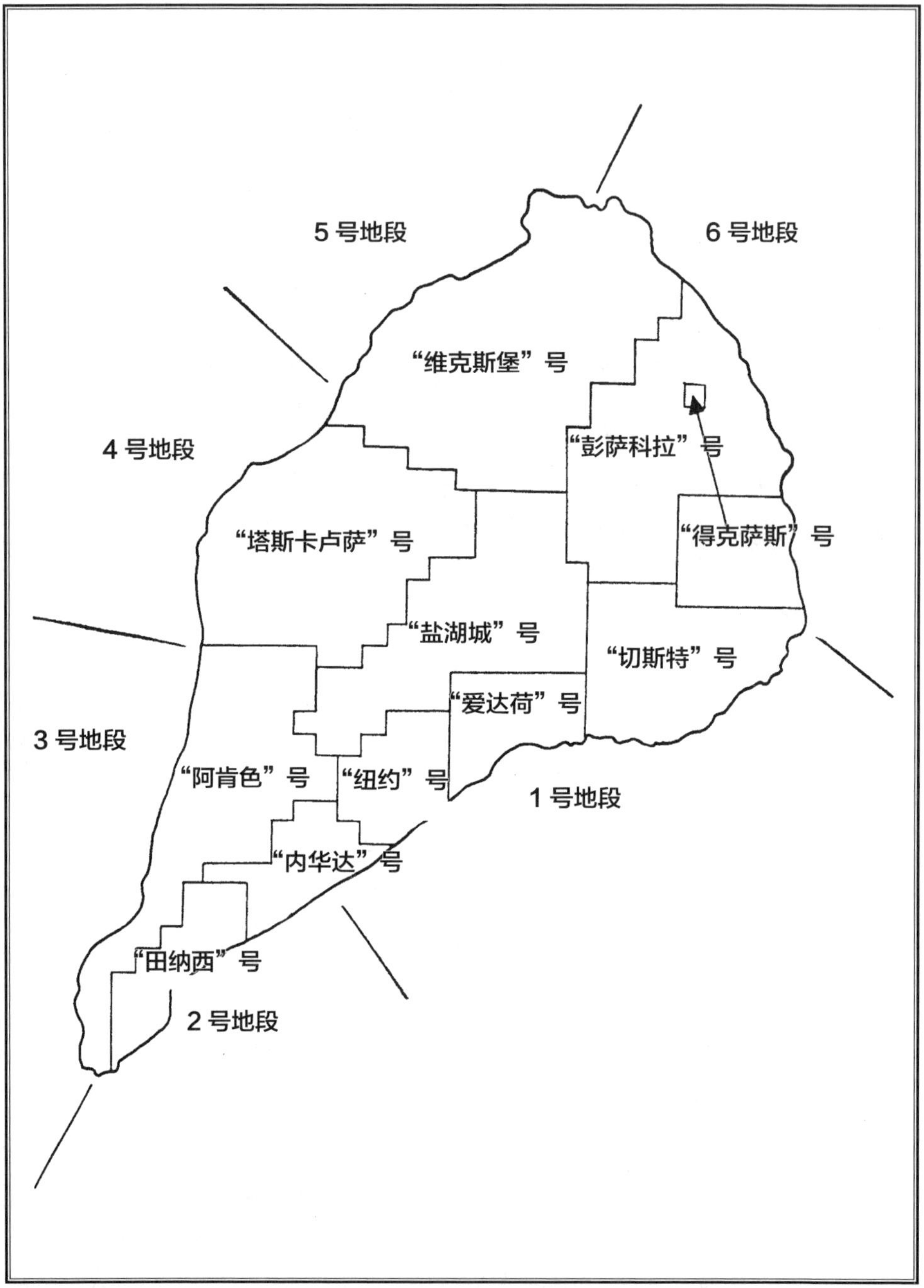

硫磺岛战役中火力准备阶段最后一天（D－1）的海军舰炮负责区域图，指定了各个地段和每艘军舰的具体负责区域。OBB 代表 356 毫米主炮战列舰，CA 代表 203 毫米主炮重巡洋舰，CL 代表 152 毫米主炮轻巡洋舰。

明显。作为预备队的团常常会抽出一个营配属给前线的某个团，而为了应对不断变化的战局和地形，一些营在不同的团乃至师之间“交叉配属”也是常事。例如在塞班岛，参战的一个陆军师和两个陆战队师最初各有九个营（此外还有一个独立的陆战队营），但是在战役中，他们一度发生了混乱的交叉配属情况（不过这是一个极端的例子——通常每个师都能保留其原有的营）：

陆战队第 2 师——10 个陆战队营；

陆战队第 4 师——6 个陆战队营、3 个陆军营（来自 2 个团）；

第 27 步兵师——5 个陆军营（来自 3 个团）；

军预备队——3 个陆战队营；

守备部队——1 个陆军营（后方清剿）。

军预备队最初可能是留在海上的一个师，但这个师很快就会投入战斗，往往最后只留一个团作为军预备队。其他预备队（通常是一个师）包括远征部队或舰队预备队。这支部队可能跟随也可能不跟随特混编队行动，它们通常是在远方的岛屿基地上处于待命状态，需要花几天时间才能登船并抵达目标岛屿。因为这个师已经做好战斗准备，又很少会在它所支援的作战中投入战斗，所以往往会受命攻打战役中的下一个岛屿。此外，战区司令通常会指定一支战区预备队，它可能需要两周或更多时间才能投入战斗。结果事实证明，在整场战争中，这样的预备队从来就没有存在的必要。

守备部队由后续部队组成——最初受远征部队司令指挥——负责巩固已占领的岛屿，并将其开发为前进海空基地。一旦登陆部队司令宣布岛屿已经稳固，岛屿就会移交给守备部队司令负责。守备部队包括基地指挥部、航空兵或防空部队、负责清剿残敌和守卫的步兵部队、宪兵、医疗、民事部门（军政府）、海军前进基地部队、工兵和海军工程部队、仓库、医院及各种勤务部队。守备部队是由陆战队、陆军和海军人员组成的联合组织。守备部队司令可能被指定为岛屿司令或岛屿司令的下属。参与两栖突击的各团中损失最轻的那一个团往往会留下来加入守备部队，负责持续数周或数月的残敌清剿任务。有些情况下，当岛屿的控制权尚在争夺中时，守备部队可能会提前负责后方区域，以便尽早建设或修复某个机场，还可能从登陆部队中抽调步兵用于后方清剿和守卫。

时间和地域的划分

美军采用了大量的控制措施，以指定的地域、边界和界线对两栖战进行管理。和其他所有方面一样，这些控制措施是随着历次作战而不断发展演变的。

作战计划中各项行动的日期和时间通常都是相对于 D 日和 H 时指定的，因此如果 D 日或 H 时被提前或延后，计划中相关事件的时间表也会相应地自动改变。从 1944 年年初开始，如果要对相邻的几个岛屿实施多场作战，或者要在同一区域按不同日期开始作战，为了防止混淆，往往还会使用其他字母来指定日期和时刻。

对于不同的船队，要分别指定接近岛屿和进入潟湖的航线。同样，还要为船只的锚泊或作战指定具体区域。例如，运输群要停泊在运输舰区；对每个火力支援群都要指定海军舰炮的打击区域；对 LST 也要指定 LST 或牵引车区，供其卸下两栖车，以及供两栖车集结。突击波次会在集结区中列队，每个团或营都会分配到经水下爆破队清扫的登陆艇航道，他们将沿着这些航道接近指定的滩头。

如果要使用两栖坦克，它们要么在突击波次之前作为第 0 波，要么作为第 1 波的一部分（由三个坦克排组队，在两栖车波次的左右两翼和中央航渡）。一个团至少会让两个突击营乘坐两栖车，如果有足够的两栖车可用，那么作为预备队的营也会乘车。波次数量取决于海滩的宽度以及并排登陆的单位数量。轻型或中型坦克将搭乘 LCM 紧随突击营登陆——通常是在第 4、第 5、第 6 波——紧随其后的是指挥部分队、工兵、医疗单位、岸勤队、其他支援分队，最后是炮兵。如果使用登陆艇，就会以 LCVP 替代两栖车。

团级战斗队的海军总指挥或海滩勤务指挥官乘坐该战斗队的主要流动指挥艇。同行的联络军官来自团级战斗队、两栖车营、后勤部门和医疗部门，他们有权现场做出决策和协调两栖车运动、物资流动及伤员后送。团长位于侧翼的一艘指挥艇，而海军指挥官的副手位于另一侧翼。这些指挥艇可能是猎潜艇、巡逻艇或 LCC。每个突击波次的两翼各有一艘 LCP(L) 和 LCVP 引导艇，协助突击波次集结和保持阵位。运输编队、运输群和运输分队的指挥官也会乘坐指挥艇。一旦突击波次登陆，指挥艇就会协调和引导后续波次、指挥返回的登陆艇、引导救援和打捞、加快伤员后送，并执行其他各种各样的指挥任务。通信是通过无线电、扬声器、信号旗、

1944 年 7 月 21 日，作为预备队的陆战队第 4 团官兵涉水登上关岛。在战争早期，担任师预备队的团级战斗队（常被称作预备群）的配属加强单位要少于各个突击团。到了 1944 年年初，作为预备队的团级战斗队通常会得到与突击团一样的加强，从而尽可能提高它们在实战中的灵活性。

雅洛作战

登陆示意图
红滩

1944 年 3 月 5 日

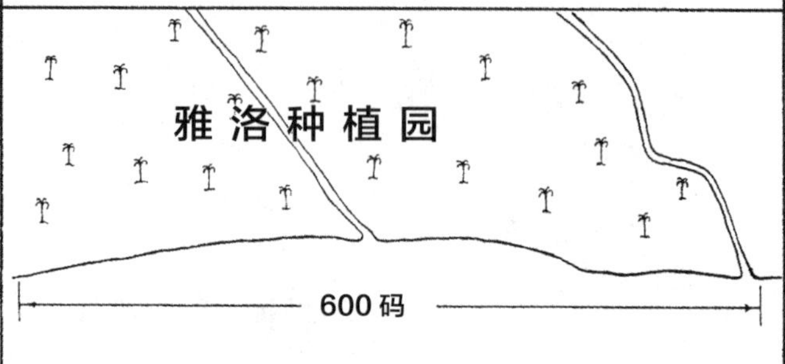

波次	时间	组成	登陆艇	人数
1	H 时 (0735)		4 LCVP 2 LCM	300
2	H+5 (0740)		6 LCVP	180
3	H+10 (0745)		6 LCVP	180
4	H+15 (0750)		6 LCM	348
5	H+40 (0815)		6 LCVP	36
6	H+60 (0835)		6 LCM	120
7	H+75 (0850)		6 LCM	78
8	H+100 (0915)		6 LCM	42
9	H+125 (0940)		6 LCM	64

这是 1944 年 3 月第 542 工兵舟艇及岸勤团在新几内亚赛多尔（Saidor）西北的雅洛种植园（Yaleau Plantation）登陆的示意图，图上提供了每个波次登陆的时间、登陆艇数量和类型以及士兵数量。

手旗和闪光信号灯进行的。

突击波次通常在离岸1000—6000码处列队，也就是紧邻“出发线”的地方。指挥艇上会升起表明海滩颜色和编号的旗帜（例如，白旗上有三条蓝色竖线，表示蓝三海滩）。主指挥艇将红色“B”字旗快速降下就是出发的信号。出发命令下达后，突击波次通常要花10—30分钟到达海滩，具体时间取决于海况和距离。如果突击部队需要从运输舰换乘到LCVP，然后又换乘到从LST下水的两栖车上，则在完成换乘的地方会划定一条“牵引车换乘线”。

美军在战争初期是指定颜色编码识别海滩，使用的颜色包括红色、蓝色、绿色、黄色、橙色和白色。最初每种颜色可以分别用于标识两片海滩，例如红和红二。但是很快人们就意识到，为了防止误会，两片海滩都应该带有数字，例如红一和红二。到了1943年年末，每种颜色的海滩被细分为四片，例如红一到红四，每个突击营各分配一片海滩，每个团分配一种颜色。此时其他颜色也被投入使用，包括紫色、鲜红色和黑色。除了主要登陆的海滩，还有指定的备用或拟议的海滩——有时这些海滩会在初步登陆后用于供预备队或物资上岸。

海滩的宽度可能是400—1400码，但理想的宽度至少是1000码，然而有时部队会在比这窄得多的海滩上实施登陆。选择海滩时要考虑海浪条件、坡度（海底坡度）、障碍、海滩出口路线、与目标的距离、敌军防御强度以及可用的登陆艇数量和类型。另外，还有一个关键因素是海滩与日军机场的距离。机场最好能尽早占领和修复，并快速部署近距离空中支援飞机。如果岛上不存在机场，那么选择的登陆场附近往往会有合适的机场建设地址。

运送人员的两栖车会尝试在抵达第一道可用的掩体后卸下乘员，这道掩体就是“牵引车控制线”，这条线偶尔会被设定在相当深入的腹地（在塞班岛之战中离海边1000码以上）。在某些情况下，牵引车会尝试带着乘员向内陆挺进100码左右——前提是地形、障碍、雷场和敌军火力允许它们这样做——但这种做法很少能取得成功，因为两栖车无法通过崎岖的地形和较大的障碍。

各支部队会被分配沿“O-1线”——（第1目标线）——分布的目标，并且需要在D日入夜前拿下这些目标。通常O-1线就是第一道适合防守的地形特征线，这条线离海滩要足够近，确保部队能在第一天达到，但是又要位于足够深入的腹地，使滩头有空间容纳预备队、炮兵阵地、指挥部、物资堆场、救护站等。在实

某部的后续梯队搭乘一艘 LST，正在前往新不列颠岛的格洛斯特角（Cape Gloucester）。到达目的地后，这些满载作战物资和装备的卡车将会下到坦克甲板，然后通过艏门下船。照片中可以辨认的装备包括斯托克斯担架、成捆的铁丝网、油桶、口粮以及 250 加仑水罐拖车。

在硫磺岛的黑沙阶地上，众多两栖车、推土机和起重机如工蜂般日夜忙碌，建立起数十处物资堆场。登陆舰队运来了登陆部队可能需要的一切，甚至包括——照片上的——未锯开的木材。日军的少量火炮很少用于打击美军的后方设施，因此在后期作战中，只要没有严重的空中威胁，美军基本上不会费心为堆场修筑防护墙。此外，照片中央可以看到一块 6 英尺见方的海滩标志牌。

战中，由于日军总是在滩头周围密集布防，部队很少能在D日完整地控制O-1线。此外，作战计划中还会指定后续目标线，作为部队在登陆后几天内的重点目标，这些线是出于战术和后勤规划目的而指定的较为现实的阶段推进线。部队有时可能无法按预定日期完全控制某条目标线，有时可能一天之内就轻松越过两条或更多的目标线。

在所罗门群岛的早期作战中，美军曾经建立起庞大的滩头营地，并在其中布下重兵防守并建造机场。至少在最初，美军并没有花费功夫去肃清大型岛屿上的敌人。营地提供了作战基地，部队既可依托机场防守，也可从营地出发攻击其他岛屿上的日军设施——同时营地也成为一个诱饵，吸引日军将其资源消耗在徒劳无功的进攻中。在后期作战中，美军会指定部队滩头线（简称FBHL）。这条线位于O-1线之外，沿着适合防守的地形特征分布，能为滩头的所有活动提供足够空间，同时又能针对敌军除远程火炮之外的所有攻击提供一定的防护。

登陆舰和登陆艇

专用的舰艇显然对两栖战至关重要，它们可以运送突击部队、车辆、给养和资材登陆；提供近岸火力支援，疏散伤员及维护后勤通道；还可执行各种管理和支援任务。

日本在20世纪20年代后期研制的“大发”艇，它的设计比同时代的其他舰艇都要先进。不过日本人没有进行后续研发，而是将这种艇一直用到战争结束。美国海军起初反对采用这种设计，因为LCP(L)已经开始量产，他们觉得再设计一种登陆艇毫无必要。因此，海军舰船局只对LCP(L)的设计略做了修改，增加了一条穿过船头的舷梯和一个小跳板，这就是人员登陆艇（跳板）——1942年7月前称为TP艇。

车辆登陆艇（简称LCV）在1942年7月前称为TR艇。不过，LCV只造了2000艘出头就被一种新型号取代，它就是人车两用登陆艇（简称LCVP）。同时LCVP还取代了LCP(L)，不过后者仍被军方用于特殊用途，例如充当指挥艇、水下爆破队运输艇等。此外，LCVP建造了23000多艘，成为二战中用途最广的登陆艇。

为了运送大炮、坦克、其他车辆和大宗物资及材料，美军需要大一些的登陆艇。然而，由于重量限制、对浅吃水的要求、沉重负载带来的头重脚轻问题以及车辆下船时的种种困难，早期的研发成果寥寥。经过对众多设计的测试，美军最终在1942年选定了两种方案：舰船局的WL艇，用于运送轻型坦克；更大的希金斯WM艇，用于运送中型坦克。同年7月，这两种登陆艇分别被更名为二号和三号机械化登陆艇[简称LCM(2)和LCM(3)]，并且它们将作为多功能艇得到广泛运用。此外，到了1945年年初，运输舰能够搭载6艘LCM(6)或LCM(3)和2艘LCM(6)。

一种更大的船只能够一次性运送多达30辆坦克以支援登陆部队，这种船只就是二号坦克登陆舰，研发期间的名称为ATL。LST能够在其舱内和露天（干舷）甲板上搭载坦克。LST在太平洋的首次实战应用是在1943年3月。从1943年年初开始，它们还负责运输在海上下水的两栖车。此外，原本吊放LCVP的吊艇架是两副，后来许多LST都增加到六副。

步兵登陆艇（大型）虽然名为登陆艇，但更确切地说，它应该是一种登陆舰。

1942年年中出现的车辆登陆艇（简称LCV），然而这一年还没过去，这种“短命”的装备就开始被LCVP取代。请注意，这种登陆艇的尾部有一个供舵手操艇的驾驶位，因此它无法在运输船上堆叠或嵌套摆放。相比之下，LCVP的设计将操舵位前移并降低，置于发动机舱旁边，同时在艇尾设置了旋转机枪座。在这张照片上，发动机舱侧面的左舷墙上安装了一挺7.62毫米机枪，而大多数LCV是没有安装武器的。

菲律宾登陆战中，一艘 LCVP 与几艘陆军操作的 LCM(3) 一同靠岸，背景中是一艘 LST。LCVP 是希金斯系列登陆艇中建造数量最多、使用最广泛的载人登陆艇。机械化登陆艇（简称 LCM）被实战证明是价值极高的多用途艇，可作为登陆艇队中的“运货卡车”承担各种运输作业。

1943 年 5 月，它们在太平洋投入实战。美国陆军广泛使用 LCI，但陆战队用得很少。LCI 是针对从岸到岸的近程作战设计的。此外，平底的浅吃水设计限制了它们的适航性，而简单的客舱设计和食水供应的限制使它们只能让乘客住宿 48 小时（不过在必要情况下，它能够进行长途航行）。LST 和 LCI 首次参与两栖突击都是在 1943 年年底的新乔治亚岛。

机械化登陆舰（简称 LSM）是从 LCI 衍生而来，首舰在 1944 年 4 月下水。它最初的名称是 LCT(7)，但其设计与 LCT 大相径庭且吨位更大。LSM 看起来就像缩小的 LST，但是它有纵贯全舰的敞开井形运货甲板，并且舰桥位于舯部，偏向右舷。此外，它还配备了艏门和跳板。LSM 的设计是快速完成的，因而有不少缺陷，所以它在战后很快就退役了。

支援登陆艇（大型）[简称 LCS(L)] 在 1943 年 10 月的特雷热里群岛（Treasury

一艘早期型的坦克登陆舰——舷号为 173。这种登陆舰最初的舰载武器只有 1 门 40 毫米炮和 6 门 20 毫米炮，通常可搭载两艘 LCVP。后期型号的坦克登陆舰设计进行了改进，将高耸的坦克甲板通风烟囱移到舰首和舰尾，从而在甲板上腾出更多载货空间。

在冲绳，5 吨履带式起重机从一艘 LCM(3) 吊放货物。

各种装备通过 LCM(3) 登陆，其中包括一辆一吨运货拖车。

调整了通风烟囱位置的 LST-214。此时它可以在甲板上搭载一艘 LCT(5)，后者又能搭载两艘陆军的大型机动拖船——MTL。LST 通过对压载水舱注水造成侧倾后，LCT 就可以从舷侧下水。

带有迷彩涂装的 LST-563 配备了 6 副吊顶架，因此它能够搭载 6 艘 LCVP，或 5 艘 LCVP 加 1 艘 LCS(S)(1)。该舰船的舰载武器是 6 门单装 40 毫米炮、1 座两联装 40 毫米炮和 14 门 20 毫米炮。此外，舰船甲板上搭载着舷号为 737 的 LCT(6)。

采用“圆形桥楼”或“城堡式桥楼”的后期型 LCI(L) 出现于 1943 年，它装备了 5 门 20 毫米高射炮和 2 挺 12.7 毫米机枪。此外，请注意艇首侧面的人员舷梯。该级登陆艇包括 LCI(L)-351 至 LCI(L)-716、LCI(L)-731 至 LCI(L)-780、LCI(L)-784 至 LCI(L)-821、LCI(L)-866 至 LCI(L)-884、LCI(L)-943 至 LCI(L)-1033 和 LCI(L)-1052 至 LCI(L)-1098。LCI 的昵称为“艾尔西”或“艾尔西项目”，源于其船型代码。

一张很好的对比照片，展示了 LCI(L)-402 和 LCI(L)-354 两种登陆艇。从 1944 年 7 月起，新建造的 LCI 去掉了舷梯跳板，配备了小型艏门和滑动跳板。这个改进使它们能够搭载吉普车和小件货物，大大提高了其通用性，同时也减少了人员下船过程中的暴露时间。

Islands）中首次经受实战考验，在 1944 年 2 月的马绍尔群岛登陆中首次大规模使用。LCI 炮艇还可支援水下爆破队的蛙人，在运输舰锚地防范日军的自爆艇，拦截日军的运输驳船，以及通过打击机会目标支援沿海岸推进的登陆部队。

英国人提出了一种不同寻常的概念，那就是船坞登陆舰（简称 LSD）。美国海军起初认为这种船并无大用，但首舰于 1943 年 6 月入役后却被实战证明价值极大，于是共建造了 25 艘。LSD 的设计目的不是作为抢滩舰艇，而是作为搭载登陆艇的运输舰。另外，它拥有纵贯全舰的井形甲板和艉门跳板。按照原始设计，它能够在井形甲板上搭载两艘 LCT（后者没有横渡大洋的能力），甲板上还有搭载车辆的空间。它能够搭载至少 14 艘载有坦克的 LCM，也能搭载两栖车和 DUKW。当需要让其搭载的登陆艇下水时，可以对压载水舱注水，使全舰在水中下沉。与此同时，艉门跳板放下，登陆艇就可驶离。LSD 还能够搭载 LCI、PT 鱼雷艇乃至小型扫雷舰横渡太平洋。此外，井形甲板可以充当干船坞用于修理登陆

共有 86 艘标准 LCI 被改造为炮艇，LCI(G)-580 就是其中之一。这类炮艇的舰载武器有 8 种不同的配置，照片中的这艘艇上安装了 10 管 114 毫米火箭炮、4 门 40 毫米炮和 2 门 20 毫米炮。此外，还有 42 艘 LCI(M) 安装了 3 门 107 毫米迫击炮，36 艘 LCI(R) 安装了 6 管 127 毫米火箭炮。另外，请注意照片中的“斑点边缘”迷彩涂装。

共有 12 艘由标准 LSM 改造的火箭艇，LSM(R)-194 是其中之一。该舰船安装了 74 具四导轨和 30 具六导轨的 114 毫米火箭炮（共 476 发火箭），此外它还有 1 门安装于艇尾的 127 毫米炮，2 门 40 毫米机关炮和 4 门 20 毫米机关炮。

船坞登陆舰可以说是依靠自身动力远洋航行的干船坞。它的井形甲板上能够搭载登陆艇、两栖车和 DUKW。当甲板内注水后，这些船只和车辆就能通过艉门驶离。请注意舰上的众多炮座，其中舰载武器为 1 门 127 毫米炮、2 座两联装 40 毫米炮、2 座四联装 40 毫米炮和 16 门 20 毫米炮。

艇。在战争后期，井形甲板内部还可以加装两层“珍珠港”甲板（根据其设计机构所在地命名），从而使全舰拥有三层运货甲板，能够搭载更多两栖车或 DUKW。

大部分攻击人员运输舰和攻击物资运输舰以批量生产的胜利轮和 C3 型货船为基础建造，但一些早期船型是用商船改造的。由于投入使用的不同船级太多，此类船只在设计和载运能力上可谓千差万别。1943 年 2 月，针对新造的攻击人员运输舰和攻击物资运输舰，正式确立了新舰种 APA 和 AKA。另外，一些原来的 AP 和 AK 经过改造升级后，也分别划归这两个舰种。

一种价值极高的军舰是以驱逐舰改造的运输舰，它的正式名称是快速运输舰，航速可达 24 节。它们被用于运输侦察兵、奇袭队、游骑兵和水下爆破队。1937 年，为了缓解两栖战运输舰的短缺——将小规模登陆部队运输到加勒比海的热点地区——有人提议改造第一次世界大战时期的平甲板四烟囱驱逐舰。改造后的运输舰有一个优点，就是能为登陆部队提供火力支援。首批 6 艘旧驱逐舰在 1938 年接受改造，1942 年又有 20 艘“步其后尘”。驱逐舰在改造过程中拆除了两台锅炉、两个烟囱和所有的鱼雷发射管，在空出的锅炉空间和其他位置安装了供 140 人住宿的隔舱，还配备了四艘 LCP(R)（后来改为 LCVP）。该运输舰的舰载武器为 3 门 76.2 毫米炮、2 门 40 毫米炮和 5 门 20 毫米炮。1943 年，54 艘新造的护

美军登陆舰和登陆艇的基本数据

登陆艇及其运载能力	入役年份（年）	生产数量（艇）	尺寸（长 × 宽）	艇载武器及数量	艇员人数（人）
LCI(L) 从 LCI-1 至 LCI-350 为 188 人或 75 吨的货物	1942	1031	158 英尺 6 英寸 ×23 英尺 8 英寸	4 门 20 毫米炮	24
LCI(L) 从 LCI-351 开始为 209 人或 75 吨的货物	1943	605	158 英尺 6 英寸 ×23 英尺 8 英寸	5 门 20 毫米炮	29
LCT(5) 4 辆轻型坦克或 3 辆中型坦克或 150 吨货物	1942	500	114 英尺 2 英寸 ×32 英尺 8 英寸	2 门 20 毫米炮	11
LCT(6) 4 辆轻型坦克或 3 辆中型坦克或 150 吨的货物	1943	965	119 英尺 1 英寸 ×32 英尺 8 英寸	2 门 20 毫米炮	13
LCM(2) 1 辆轻型坦克或 1 辆中型坦克或 55 人或 27.5 吨的货物	1942	147	45 英尺 ×14 英尺 1 英寸	2 挺 12.7 毫米机枪	4
LCM(3) 1 辆中型坦克或 1 门中型火炮或 60 人或 30 吨的货物	1942	8631	50 英尺 ×14 英尺 1 英寸	2 挺 12.7 毫米机枪	4
LCM(6) 1 辆中型坦克或 1 门中型火炮或 75 人或 35 吨的货物	1943	2718	56 英尺 ×14 英尺 1 英寸	2 挺 12.7 毫米机枪	4
LCP(L) 36 人或 4 吨的货物	1941	2193	36 英尺 8 英寸 ×10 英尺 10 英寸	2 挺 7.62 毫米机枪	3
LCP(R) 36 人或 4 吨的货物	1942	2631	36 英尺 3 英寸 ×10 英尺 10 英寸	2 挺 7.62 毫米机枪	3
LCV 1 门轻型火炮或 1 辆 1 吨卡车，外加 12 人或 36 人或 5 吨的货物	1942	2366	36 英尺 3 英寸 ×10 英尺 10 英寸	1 挺 7.62 毫米机枪	3
LCVP 1 门轻型火炮或 1 辆 1 吨卡车，外加 12 人或 36 人或 4 吨	1942 年 11 月	23358	35 英尺 10 英寸 ×10 英尺 6 英寸	2 挺 7.62 毫米机枪	3
LSD 1500 吨的货物，外加 240 人。如果在可注水的船舱中安装可拆卸的甲板，则可搭载 92 辆 LVT 或 108 辆 DUKW	1944	18	457 英尺 9 英寸 ×72 英尺 2 英寸	1 门 127 毫米炮、16 门 20 毫米炮、12 门 40 毫米炮	254
LST 17 辆 LVT 或 20 辆中型坦克或同等车辆，外加吊艇架上的 2 艘或 6 艘 LCVP	1942	1152	328 英尺 ×50 英尺	12 门 20 毫米炮、7—8 门 40 毫米炮	211 或 299 人（2 副或 6 副吊艇架）

LSM 5辆轻型坦克或3辆中型坦克或6辆LVT或9辆DUKW，外加48人或165吨的货物。	1944	525	203英尺6英寸×34英尺6英寸	6门20毫米炮或1门40毫米炮、4门20毫米炮	60

以美国海军的“汉布伦”（USS Hamblen）号（APA-114）为例，一艘攻击人员运输舰能够搭载一个加强的营级登陆队及其装备。这些贝菲尔德级APA上可以勉强塞下24—26艘LCVP和2艘LCM(2)。它们配备了2门127毫米炮、4座四联装40毫米炮和12座两联装20毫米炮。

美国海军的“猎神星”（USS Artemis）号（AKA-21）是猎神星级的首舰，也是一艘典型的攻击物资运输舰。该级舰搭载 1 艘 LCP(L)、11 至 13 艘 LCVP 和 2 艘 LCM(3)。它的舰载武器为 1 门 127 毫米炮、4 门 40 毫米炮和 12 门 20 毫米炮。请注意照片中这种炫目迷彩，其目的是让尝试测距的敌方潜艇发生误判，虽然实战证明效果不是很好，但许多船还是一直使用这种迷彩直到战争结束。

美国海军的“罗珀”（USS Roper）号（APD-20）是用第一次世界大战时期的老式平甲板四烟囱驱逐舰改造的快速运输舰，通常用于运输执行奇袭任务的小部队，它能搭载 4 艘 LCP(R)。

航驱逐舰（简称 DE）也开始被改造为快速运输舰，它们能够搭载 162 名士兵，以及少量的弹药、车辆燃油和一般货物。该舰的舰尾甲板上最多可搭载 2 辆一吨卡车和 6 辆吉普车。另外，该舰还配备了 4 艘 LCVP，1 门 127 毫米炮、3 门 40 毫米炮和 6 门 20 毫米炮的舰载武器。这两种类型的快速运输舰都保留了深水炸弹投放架。另外，早期的“平甲板”运输舰有 101 名舰员，改造后的护航驱逐舰有 203 名舰员。

两栖战舰船的命名与编号

美国海军的每种舰船都遵循特定的标准命名惯例：

两栖指挥舰（简称 AGC）——山峰；

物资运输舰（简称 AK）——星辰，或美国的县；

攻击物资运输舰（简称 AKA）——星辰，或美国的县；

人员运输舰（简称 AP）——总统、《独立宣言》签字人、陆海军将领、女性名人、具有历史意义的地名；

攻击人员运输舰（简称 APA）——美国的县；

快速运输舰（简称 APD）——美国海军或美国海军陆战队的杰出官兵、海军部长、资助过海军的民间人士；

登陆艇修理船（简称 ARL）——神话生物；

船坞登陆舰（简称 LSD）——美国名人的故乡或著名景点；

车辆登陆舰（简称 LSV）——树木，或沿用海军旧式浅水重炮舰的名称。

LST、LSM 和 LCI 只有舰船局指定的舷号（在 1955 年 7 月，LST 也开始按美国的县命名）。有时船身上还会带有舰艇类型代码的第二或第三个字母，例如“ST”或“M”。较小的登陆艇（LCM 及更小的型号）通常以其母船（AKA、APA、APD 或其他船只）的舷号加上特定的艇号作为标识。有时为了进一步表明其母船是 AKA、APA 或 APD，还会加上字母，例如“KA”“PA”“PD”，或者干脆就是“K”“P”“D”。因此，舰船并没有标准的编号系统。

在 1943—1944 年，有 54 艘新建的查尔斯·劳伦斯级护航驱逐舰（DE）被改造为快速运输舰，“金策”（USS Kinzer）号（APD-91）就是其中之一。此外，它还搭载了 4 艘 LCVP。

有一种装备虽然默默无闻，却对两栖战至关重要，它就是浮箱组件。海军船厂和船坞局在 1939 年提出相关概念，旨在为部队提供统一尺寸的矩形浮箱，这些浮箱可以组装成各种浮式结构。经过试验后，人们研究出一种将多个浮箱快速紧固在一起的方法（所用的配件被海蜂队称为“珠宝”），确认了浮箱的承重能力和理想构造，后续研发随即展开。

美军研究出一种方法，在 LST 的两侧各拴上一条组装好的 3×15 浮箱栈桥。当 LST 接近岸边时，切断绳索，让栈桥借助惯性冲向滩头。从放下栈桥到第一辆车开出 LST 通过栈桥，只需不到 10 分钟。

两栖突击

两栖登陆作战的开始时间至少比实际登陆早两三个月。这段时间需要用来进行策划：制订作战计划、作战命令、登船命令、后勤计划等等；收集、评估和分发情报；从不计其数的组织中收集物资，分发到部队并进行战斗装载[1]；集结和训练来自各军种的部队；部队登船并开展演练；机动到目标区域，以及进行登陆前的火力准备。演练至关重要，需要包括空中支援和海军舰炮支援在内的所有部队都参与，但这一点常常无法做到，原因包括某些部队需要从遥远的后方基地赶来，时间紧迫，以及演练区域不足。航空和舰炮火力的准备工作可能在登陆前数周就已开始。此外，对同一区域的其他岛屿基地需要加以攻击和压制，将敌机和敌舰摧毁或逐出该区域。但是在 1942 年，由于所罗门群岛的盟军实力不足，而日军兵力雄厚，这些目标都难以实现。

在突击发起前几个月，要派出潜艇拍摄海岸线照片，飞机拍摄整个岛屿的照片（或者在面积较大的岛屿上，至少要拍摄主要作战区域），有时还要派侦察队上岸侦察。之后，要将众多的小照片进行拼接并制作地形沙盘，还要从各种来源收集所有可用的情报，包括旅游指南和曾居住在岛上的平民提供的报告。突击发起前远程轰炸机将开始轰炸岛屿；航母编队将发起突袭，肃清目标岛屿和周边岛屿的敌军空中力量；空袭和潜艇攻击将击沉或驱逐日军舰船，并切断敌军增援目标岛屿的航线。随后，战列舰编队将以重炮火力轰击目标岛屿。

突击登陆

两栖战的特混编队通常会在 D 日凌晨的黑暗中抵达战场。要求参战人员登艇就位的命令在黎明就会早早下达，而“登陆部队登陆”的命令不久之后就会发出。登陆艇波次将在离岸不超过 5000 码处集结，并在舰炮轰击海滩、战斗机扫射敌阵地的同时向着滩头前进。当先锋突击波次进入离滩头数百码的距离时，炮击和空中打击将转向岛屿腹地的目标。装备火箭的炮艇将在离岸约 1000 码处发射火箭，并用机关炮压制守军。这些炮艇将停留在礁盘线以外，而突击波次将会超越它们。此外，在某些情况下，炮艇会转移到侧翼，用它们的火力打击邻近地区。

大部分登陆行动是在上午 7:00—9:00 间（H 时）进行的但实际时间必然会晚

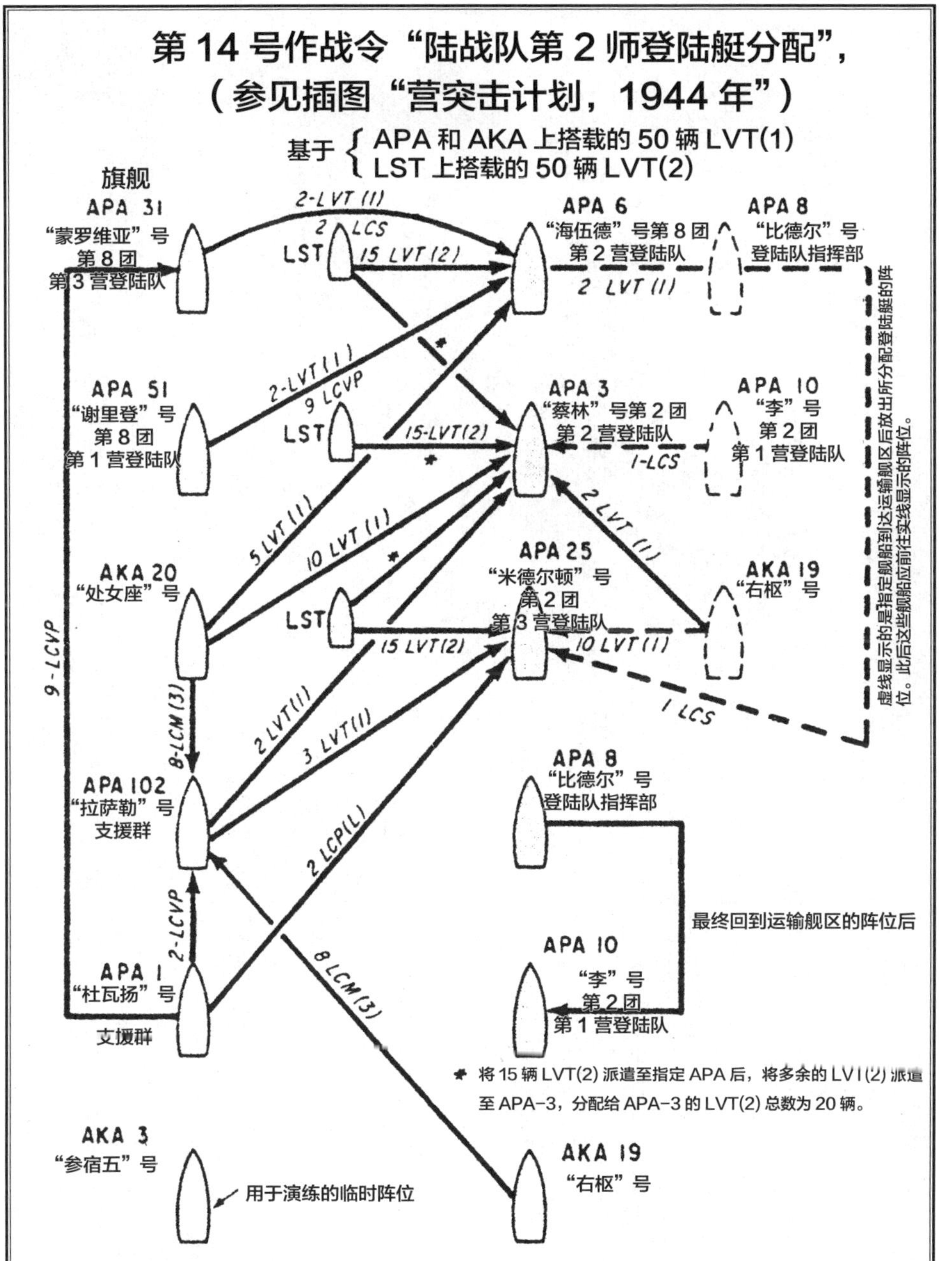

人员运输舰和物资运输舰上搭载的两栖车和登陆艇型号繁多、数量不一，需要经过重新调配才能运送登陆部队上岸。这张在 1943 年 11 月 20 日塔拉瓦登陆战中运输舰区的调配示意图反映了在运输舰之间调配登陆艇的复杂性。

登陆部队下船的命令会在凌晨时分下达。士兵们顺着摇摆不定的绳网艰难地往爬下，而身上的背包总是会跟他们较劲。

于计划时间，最多会晚一个小时。发生这种情况的主要原因是集结延误和天气影响，而非敌军的行动。部队的实际登陆地点往往会偏离计划的登陆场，有时甚至会登错海滩。这是因为登陆艇在敌军的炮火下需要做规避机动，还会受到海流和大风影响，而船员从水面观察烟雾笼罩的海岸线时又看不到地标。有时部队还会采用不同的战术。陆军和地区两栖战部队在新几内亚遂行登陆时，会在比高潮时刻早两个小时左右的黎明时分上岸，并在四个小时内完成卸载，然后船队撤退，等到次日清晨再重返登陆场。运输舰之所以在岸上留下够用的（但愿如此）弹药和给养后就要快速撤退，是因为当时海军兵力不足，无法在日军水面舰艇的攻击下保护运输舰，同时，空中掩护也顶不住必然会来的日军空袭。

在突击环礁岛群时，突击部队会在潟湖的一侧登陆，也就是会先进入被外围小岛和连接礁盘围起来的水域，哪怕岛屿这一侧延伸进潟湖的礁盘远比朝向大海的一侧宽。潟湖不仅能帮助登陆舰队防范敌军的潜艇，还能为其提供躲避风浪的锚地，而且大部分潟湖的面积足以让舰队在空袭时进行规避机动。潟湖的水面比较平静（两栖车的干舷很低），浪头较小，而且两栖车能够载着部队穿越礁盘。此外，日军的防御力量和障碍通常在潟湖的一侧也比较薄弱。日军的盘算是，即使风浪大一点，美军也会选择在朝向大海的一侧登陆，因为较窄的礁盘可以让运输舰在更靠近岸边的地方放出登陆艇，缩短它们在抢滩过程中暴露在火力下的时间。日军调整防御方向的动作总是比较迟缓，而且似乎从未意识到美军拥有大量能够穿越礁盘的两栖车。

一个团级战斗队通常会以两个营并排登陆，而作为团预备队的营会跟在位于滩头对外侧翼的突击营后面登陆。这样一来，当突击营朝着岛屿腹地的初步目标推进时，预备队营就可以进入有利的阵地以保护暴露的侧翼。但是在比较少见的情况下，由于海滩狭窄、地形受限，团级战斗队只能让三个营排成一路纵队实施登陆——此时先锋营在登陆后会左转或右转，第二个营会转向相反方向，第三个上岸的营则担任预备队。轻机枪、60 毫米迫击炮、火焰喷射器、火箭筒和爆破班会跟随第一波突击队行动。重机枪、81 毫米迫击炮和反坦克炮则会在后续波次中随预备连队、工兵、指挥部和岸勤分队登陆。战地救护站通常跟随所支援部队的指挥部登陆。坦克往往在第四波登陆，炮兵、高炮部队和其他支援及勤务部队则紧随其后。岸勤队指挥组会在战斗部队上岸后登陆，医疗收容站将与他们一起行动，

伤员的治疗和后送是滩头阵地的一项重要任务。收容连会从各单位的救护站收集伤员，并将他们有组织地逐步送往后方。登陆艇、DUKW 和两栖车会将伤员运回人员运输舰，大部分人会在舰上得到治疗——这些军舰上有完备的手术器材和其他医用设施。医院船通常会在稍后抵达，将伤员转移到后方基地和美国本土。

负责将伤员后送到运输舰。除了建立连级、营级和团级救护站外，团属医疗连还会设有一些收容队，负责使用救护吉普车和担架队将伤员从连级救护站疏散到营级或团级救护站。

任何单位都可以分成若干个梯队。主力战斗人员组成的梯队将在突击波次中登陆，较重的武器、支援人员和装备将紧随其后。非关键性支援人员和装备将在后续波次登陆，有时会等到次日。单位的装载和梯队编组计划颇为烦琐，各个梯队要按复杂的安排分配到不同波次和各艘登陆艇。弹药、医疗用品、燃油、淡水、口粮和其他物资都要运到岸上，堆放在滩头堆场。

在攻打形状细长的岛屿时，海军希望突击部队在位于中部的海岸登陆，并迅速突进，将整个岛分割为两块，然后再分头朝两端进攻。此外，海军认为，比起在岛屿一端登陆并沿着岛屿的长轴进攻，这种战术可以更快地占领全岛。他们如此主张的动机在于限制登陆舰队暴露于空袭和潜艇攻击下的时间，尽管日军实际上并没能发挥其潜艇部队的特长。可用于登陆的海滩常常促使突击部队选择这种机动方案——在岛屿的两端很难找到合适的海滩。但由于部队需要同时朝两个相反的方向进攻，指挥、控制、后勤和火力支援的复杂程度都会增加。如果有合适的海滩，在岛屿一端登陆则可避免这种问题，此外还有一个优点，就是岛屿末端通常防御比较薄弱，只有一些步兵驻守，进攻方可以从侧翼席卷守军在海岸上的防线。日军经常把重型岸防炮布置在岛屿末端，但此类火炮并不适合对付登陆艇，而且通常在登陆发起前就被消灭。在实战中，岛屿末端很少有合适的登陆场，夸贾林和提尼安岛是仅有的例外。在建立滩头阵地并将整个岛分割成两块后，主力突击部队将会朝着岛屿的远端推进，同时仅留少数部队在已占领的末端清剿残敌和巡逻。无论如何，所有梯队都会力争以最快速度控制全岛，因为美军发现通常这会减少突击部队的伤亡。

从美国海军的贝菲尔德级攻击人员运输舰“奇尔顿”（USS Chilton）号（APA-38）上放出的LCVP正在水面上转圈，它们准备组成突击波次。运输舰船舷上标出的深色条块就是吊放登陆艇的位置。请注意，相邻的两组登陆艇一组顺时针转圈，另一组逆时针转圈。理论上这样做的好处是，如果发生碰撞，相撞的两艘艇也是朝同一方向行进，只会造成轻微的擦碰——破坏比迎头对撞要小。

在完成登陆并肃清滩头的敌方守军后，突击部队会向岛屿腹地挺进，以求夺取初步目标，保护滩头阵地的侧翼，并与友邻部队取得联系。为了容纳后续上岸的一切，滩头阵地的纵深至少要有500—600码。即便达到这一要求，可用于指挥所、救护站、炮兵阵地、高炮阵地、预备队、集结地、堆场和停车场的空间仍然非常有限。D日的目标是可提供有利防守阵地的地形特征，以便抵御不可避免的敌军夜袭和渗透。除了敌军的抵抗，意料之外的地形困难——隐藏在海滩后方的沼泽地、崎岖的山地和茂密的丛林——都可能拖延占领目标的时间。

日军对登陆部队的反击往往力度太弱、时机太迟，而且犯了逐次投入兵力的大忌。后续发动的多路反攻也都以失败告终，因为他们的兵力火力太弱，而且暴露出各部之间缺乏协同的缺点。盟军的空中优势也使日军的预备队和反攻部队难以完成集结和机动。日军曾计划利用驳船在夜间对盟军的滩头阵地实施反登陆，或者从邻近岛屿调动部队增援遭到攻击的岛屿。但是面对美军的空中巡逻以及LCI炮艇、鱼雷快艇和其他小型船只的积极巡逻与护卫，这类计划基本上无法成功。

美军往往还会进行配合主力登陆的辅助登陆作战，通常在主力登陆前不久开展。营级分队或师属侦察连会登上邻近岛屿，肃清那里的日本守军和瞭望哨。美军会在此类离岛中选择几个，部署一个或多个炮兵营以支援次日的主力突击，并在其余岛屿上设立警戒哨。在环礁作战中，事先控制邻近小岛还有另一个好处，就是防止日军从主岛逃离；这类离岛与主岛之间通过水面以下的礁盘相连，常常在高潮时刻也能徒涉。这也是美军在塔拉瓦学到的经验，那一战中有100多名日军沿着整个环礁一路逃窜，逃到最后一个小岛上才被陆战队消灭。

大部分两栖突击作战都是由一个师实施的——约有20个师执行过此类任务——不过很多战役的后期有其他师赶来助战。通常每个师会以两个团在相邻的几片海滩上并排登陆，第三个团作为预备队。如果参与登陆的是一个完整的军，则两个师会并排登陆。美军共进行过四次有两个师参与的军级登陆，其中两次——在塞班岛和硫磺岛——的参战各师是在相邻海滩上登陆的，另两次——在新几内亚的荷兰迪亚（Hollandia）和关岛——的登陆海滩分别相隔20英里和7英里。此外，实际上荷兰迪亚登陆战是两场独立的战役。（其实在关岛与陆战队第3师并肩作战的是陆战队暂编第1旅，不过该旅的实力接近师级。）在这两个战例中，两路部队分别用了6天和8天时间完成会师。

在突击波次整队时，指挥艇会进入相关阵位。这艘二号指挥登陆艇——LCC(2)——装有五部电台、敌我识别（IFF）装置和导航设备。

以两个师实施的两栖突击要求将一些兵力兵器放在军一级集中控制。除了一些小型专业单位，支援分队很少会直接配属给师。两栖车营将配属给师以支援突击，但随后就重归军控制。军属炮兵始终控制着非师属炮兵营，但会指定各营支援特定的师。在20世纪30年代，陆战队的学说中曾指出地面突击与两栖突击之间的相似之处，认为两栖突击就是“对有组织的防御阵地的突击，区别在于以海军舰炮支援替代了师属、军属和集团军属炮兵”。在30年代初人们还没有预见到，近距离空中支援可以在一定程度上作为海军舰炮支援的补充，有助于填补野战炮兵登陆前的火力空缺，对于完成岛屿占领起到重要作用。此外，高射炮营也需要集中使用。军一级控制这类兵力兵器，他们可以根据需要将单位配属到师，将战斗力用到刀刃上。

在太平洋战争中，只进行过三次动用两个军（四个师）的集团军级登陆战，分别是在莱特岛、吕宋岛和冲绳。在这些战役中，四个师都是在邻接的海滩登陆的，或者各登陆场的间隔完全可以忽略。

“第 0 波次”：LVT(A)5 两栖坦克超越 SC-1272，开始冲向岸边，用火力为后续的载人两栖车波次开道。这些坦克涂有中绿色、浅绿色和土黄色相间的丛林迷彩。

在所罗门群岛的许多早期作战中，美军的作战目标都是在大岛上建立一片营地，并在其中修建机场，然后坐等日军在营地防线上撞得头破血流。美军在这些山高林密的岛屿上遂行的登陆大多只遭遇轻微抵抗，有时守军甚至完全没有抵抗。某些岛屿上的日军从未被彻底肃清，因为清剿逃亡守军所需的代价远超过他们所能造成的威胁。即使在有能力清剿的情况下，美军也很少会深入多山的岛屿腹地。（例如，陆战队在布干维尔和新不列颠岛上初步占领营地后，就由陆军换防，后者会投入两三个师的兵力扩大防区，并不断派出巡逻队到防区外骚扰日军。接着这些美国陆军部队被澳大利亚部队接替，澳军继续对日军残部施压，直至战争结束。）

在营地的防守和旨在扫清岛屿其他区域的进攻作战中，地面部队在很大程度上要依靠海军提供的空中和炮火支援，输送弹药和给养，提供由船到岸的交通，以及疏散伤员。美国海军还要负责驱逐日本海军舰船，拦截企图增援目标岛屿的驳船和运输舰，在当地执行战斗空中巡逻，以及攻击作战半径内其他岛屿上的机场和基地。

1944年2月，埃尼威托克岛：两栖车和两栖坦克正在超越体型较大的LCI(G)，后者刚刚发射完火箭，还在冒着青烟。

所罗门群岛中较小的岛屿会被完全肃清，但这些岛通常守备力量薄弱。在中太平洋美军则遇到了截然不同的一类岛屿，那里环礁上的岛屿虽小，但是每一寸土地上都有掘壕固守、死战不退的守军。由于日军只能在水际滩头进行防守，运送突击部队穿越礁盘的两栖车就成了必不可少的装备。美军在中太平洋和西太平洋还遇到了较大的火山岛，只不过并没有南太平洋的同类岛屿大。通常在登陆过程中进攻方会遭遇激烈抵抗，但其面对的真正的挑战是在地形复杂、遍布洞穴和工事的岛屿腹地肃清殊死抵抗的守军。因此战斗有时会持续数月之久，需要海军的两栖战编队提供广泛支持才能攻克最后的堡垒——如果守军此前没有在徒劳无功的“万岁”冲锋中浪费兵力的话。进攻方在菲律宾群岛的大型岛屿上发起的两栖突击，通常只会在水际滩头遭遇微弱抵抗，但这些作战都会演变为旷日持久的陆地战役。

无论哪一类岛屿上，都会有被孤立的小股敌军和三五成群的散兵游勇躲藏在后方区域，后备单位和勤务部队需要将他们逐一肃清，并收集被丢弃的武器，以免被残敌利用。在有组织的抵抗终止后，美军将会宣布该岛已经“安全”，但这并非宣告最终胜利。清剿工作依然任重道远，在攻克守军最后的据点和抵御散兵对后方地域的袭扰时，甚至可能会发生一些激烈的战斗。这可能会持续数周，但是在突击部队宣布岛屿安全后，相关岛屿就会被移交给守岛司令部。

总　　结

美军的两栖战学说在第二次世界大战中持续演化，并发生了深刻的变化。在1945年4月的冲绳战役中，美军的组织、指挥及控制、部署的陆海空部队和后勤能力与1942年8月的瓜岛战役相比已判若云泥。虽然两栖战学说和能力在战后继续发展，但在当今美国陆战队和海军的两栖战学说中，仍能找到与1945年的作战明显相似之处。

这张照片并不是那种在珊瑚环礁的白色沙滩上实施两栖突击的典型画面：在照片中，全副武装的陆战队队员正步履蹒跚地登上新不列颠岛的海岸。在西南太平洋的大型岛屿上，丛林和沼泽常常会延伸到海边。

LVT 下水，1942 年

在早期作战中，部队还没有配备能直接开进海里的 LST 和 LSD 两栖车，因此两栖车只能作为货物搭载于运输舰甲板上，并依靠吊杆吊放至舷外。临入水前必须启动 LVT 的发动机，使舱底泵运转，否则它很快就会沉没——因为它没有安装备用的手动舱底泵。车载货物必须在 LVT 入水后再吊放至车内，因为满载的 LVT 超出了吊杆的起重能力。几名勤务人员会预先上车，以帮助装载和固定货物。

图中显示的是参与瓜岛登陆的 LVT(1)“短吻鳄”。实际上，为了展示人员登车的技术，插图特意结合了两个不同的时期。在 1942 年，LVT——被戏称为“大号脆脆靶”（Large Vulnerable Target）——不曾用于搭载突击部队，而是仅用于运输物资。LVT(1) 是由富美实公司（Food Machinery Corp）在 1941 年投产的，它通常装有一挺 12.7 毫米 M2 机枪和一挺 7.62 毫米 M1917A1 水冷机枪。图中 LVT(1) 驾驶室顶上卷起的防水帆布是货仓的顶棚。“短吻鳄”有一台 146 马力发动机，而后期型号则升级至 250 马力。它首次参战就是在瓜达尔卡纳尔岛，最后一次参战则是在新不列颠岛的格洛斯特角。早期的 LVT 涂装为蓝色，但是这种颜色在海上毫无伪装效果，因为 LVT 行驶时后方总是会产生显眼的浪花。不仅如此，在 LVT 上岸后蓝色涂装也没有伪装作用，因为此时它们需要和坦克及其他车辆一样使用色彩柔和的涂装。

沿着登陆网（实际上是船上的吊杆用于吊放货物的吊货网）攀援而下是一种经过训练才能掌握的技巧。士兵背负的承重武器装备、摇摆不定的绳网和随波起伏的 LVT 或登陆艇，它们似乎都在相互较劲——而且全都是湿漉漉的。士兵在训练中被要求只能抓住垂直的绳索，以免被上方的同伴踩到手。在战争后期，船舷上会用涂色方块标出登陆艇的等待位置，并通过编号和颜色代码进行识别。

LVT下水，1942年

登艇队，1944 年

大部分两栖车能搭载 24 名士兵，LCVP 能搭载多达 36 名。在这张图上我们画的是一艘轻载状态的 LCVP，乘客只有这个数字的一半。在登陆艇和两栖车里，乘客都是站着的——没有座位或长椅。陆军和陆战队的步兵排都是 40 人出头，一个排需要分乘两三艘登陆艇或两栖车，并组成所谓的“登艇队”（无论乘坐的是登陆艇还是两栖车）。尽管登艇队的组成方式多种多样，但其核心目标是使每个登艇队能独立作战。登艇队中有指定领队和候补领队，并配备了加强突击武器和专业人员，例如携带火焰喷射器和爆破装备的工兵、医疗兵，以及来自连属机炮排的班组操作武器。例如，在罗伊—纳穆尔之战中，陆战队第 4 师将每个排编为一个突击队（本身是一个登艇队）和两个登艇队，每队 18—20 人。突击队由排长带队，编为轻机枪组、爆破组、火箭筒组和支援组（两支 BAR），这一队人将开辟通向岛屿腹地的道路，摧毁沿途的地堡和碉堡。登艇队由该排的大部分步枪手和 BAR 射手组成，将尾随突击队清剿残敌。无论侧翼的友邻部队位于何处，这几队人都将全力向岛屿腹地推进。一旦抵达“O-1 线”，他们就会巩固已占领的阵地，重新分配弹药，并重新组成步兵排。

到了 1943 年年中，俗称“爸爸艇”或“希金斯艇”的 LCVP 已广泛投入使用，并取代了 LCP(R) 和 LCV。虽然这种登陆艇主要以木材制成，但在跳板、船舷、发动机前方、后部油箱和旋转机枪座处都安装了四分之一英寸厚的装甲，总重量达 2000 磅。这艘登陆艇的藏青绿色涂装已经褪色，上面带有典型的识别标志，表明它是分配到某攻击人员运输舰的第 12 号艇，它的母船是“沃伦”（USS Warren）号（APA-53）。该登陆艇配备的两挺 7.62 毫米 M1919A4 机枪主要用于防空，助理机械师和艇员负责操作机枪，他们通常不会在接近海滩时开火，以避免在剧烈颠簸中误伤乘客。舵手位于发动机舱左侧，负责指挥和操控全艇，他还可以在操舵位上降下和升起跳板，不过在艇艏也有手操的备用绞盘。此外，LCVP 可以搭载一门 75 毫米或 105 毫米榴弹炮、一门 37 毫米反坦克炮、一辆吉普车或一辆载有 12 人的一吨运货卡车，或者 8000 磅货物。虽然美国在战争期间建造了23000多艘LCVP，但只有一艘经过重建的LCVP留存至今，它现展示于路易斯安那州新奥尔良市的国家登陆日博物馆。

登艇队，1944 年

从 LST 上下水的 LVT，1944—1945 年

LST 被戏称为“大型慢速靶”（Large Slow Target），它还因其绿色的迷彩涂装而得到“绿龙”或“绿鲷鱼”的绰号，或者因其缩写而被称为“爱糖野豌豆”（Love-Sugar-Tare）。虽然 LST 的设计初衷是运输大量坦克和其他车辆以控制海岸，但它最有价值的用途之一是运输攻击部队牵引车群的两栖牵引车。牵引车群的舰船将会在牵引车区下锚，让船上的两驱车直接下水。官兵们通常会在换乘线换乘两栖车（见插图“牵引车换乘线，1945 年”），但有时他们会搭乘 LCVP 登上 LST，然后在 LST 的船舱里登上两栖车——这种做法轻松得多，也安全得多。一艘 LST 能够搭载 29 辆 6×6 运货卡车或 20 辆谢尔曼坦克，但只能搭载 17 辆两栖车。此外，鼓风机会将车辆排出的废气通过甲板通风口排出船舱。两栖车完成任务后，会被作为母船的 LST 回收，进行加油和修理。由于两栖车往往时好时坏，为了准备次日的作战，车组成员常常需要通宵工作。让回收后的两栖车重新下水是个棘手的任务——它们必须经跳板倒车入水，因为船舱里空间不够，它们无法掉头，而在水里又无法倒车开上跳板。有些 LST 在跳板后方安装了一个转台，可以让两栖车在回收后掉头。起初规定 LST 的舷号以 3 英尺高的数字书写，到了 1944 年 12 月就改为 6 英尺，以便人们在 4000 码外识别。

实践证明 LST 的通用性极好，因此有 113 艘被改造为鱼雷快艇母舰（简称 AGP）、战损修理船（简称 ARB）、登陆艇修理船（简称 ARL）、救捞艇母舰（简称 ARST）、航空发动机修理船（简称 ARVE/ARVA）、仓储物资供应船（简称 AKS）、宿舍船 [简称 APB/LST(M)]、突击支援外科医院船 [简称 LST(H)] 和其他专用船。少数 LST 配备了轻型观测飞机飞行甲板和弹射器（布罗迪装置）。

LVT(2)“水牛”是富美实公司在 1942 年投产的。它配备了一挺 12.7 毫米 M2 机枪和三挺 7.62 毫米 M1919A4 机枪，艇员为 3—4 人。LVT(2) 能够搭载 24 名士兵或 6500 磅货物，而 LVT(1) 只能搭载 20 名士兵或 4500 磅货物。因为 LVT(2) 的传动轴贯穿整个货舱，限制了部分货物类型，所以货舱

里放不下 105 毫米榴弹炮。它第一次用于实战的地点是在塔拉瓦——也是美军首次使用两栖车运送突击部队登陆——最后一次用于实战的地点是在冲绳。LVT(A)2 是车体加装了装甲的人货两用型号，但它并不是两栖坦克，仅限于陆军使用。截至 1943 年，大部分两栖车采用的都是陆战队的“丛林绿”或陆军的“橄榄绿”涂装。

从 LST 上下水的 LVT，1944—1945 年

搭乘LCT的谢尔曼坦克，1944年

LCM一次只能运送一辆坦克登陆，为了以更快速度在滩头阵地积蓄坦克力量，因此需要更大的登陆艇。LCT(6)出现于1943年，用于取代性能略逊一筹的1942年生产的LCT(5)。这两种登陆艇都能搭载4辆M3或M5轻型坦克，或者3辆M4中型坦克。它们还可用于运送重炮及其牵引车登陆，或者运输150吨货物，其艇载武器为两门20毫米Mk Ⅳ高射炮。虽然两者性能相近，但LCT(6)改善了艇员住宿条件，而可拆卸的艉板使两艘或更多LCT(6)可以首尾相接地停泊，形成一座从LST直连岸边的车行栈桥。LCT是被分配了舰船局舷号的最小登陆艇：LCT(5)的舷号是1—500，LCT(6)的舷号是501—1465。它们在后方区域被广泛用于常规货物运输和众多支援任务，因此在1949年被重新定名为多用途登陆艇（简称LCU）。

两栖战舰艇的迷彩涂装差异很大，色彩和图案基本没有标准可言。最有效的涂装之一是这种战争中期的图案——利用“斑点”来造成融合式的外观，色调是以较浅的“霾绿”色为底，叠加适中的“海洋绿”色，再叠加较深的“藏青绿”色。这种丛林风格的迷彩旨在让登陆艇藏身于岸边植被的掩映下，避开敌机的侦察，这在所罗门群岛和新几内亚是常用的做法。

由于坦克常常需要从礁盘边缘涉水上岸，而礁盘上又有未被发现的沟壑和洞穴，所以图中的坦克装上了涉渡套件。T-O坦克涉渡套件包含防水油漆、密封胶、胶布、漆刷和焊条等必要器材，它们用于对坦克的炮塔座圈、舱门口、通风孔和其他众多开口进行防水处理——这是一项需要苦干好多个小时的艰巨任务。MT-S涉渡通气管和适配器套件是专为M4谢尔曼坦克的发动机进气与排气而设计的。在坦克上岸后，车长可以通过一套快速释放索具系统丢弃通气管。另外，装备一门75毫米炮的谢尔曼坦克在太平洋的实战中被证明是高效的武器，它的性能大大优于日军的任何一种坦克，而且能摧毁大部分地堡。它基本上能免疫日军最常用的37毫米反坦克炮，只是在较为少见的47毫米炮面前显得脆弱。在太平洋战场上，美军坦克因地雷而遭受的损失多于其他任何原因导致的损失。

搭乘 LCT 的谢尔曼坦克，1944 年

牵引车换乘线，1945 年

在许多战例中，登陆艇无法在低潮时穿越礁盘线——环绕岛屿的珊瑚礁与大海相接的外侧边缘。头几波突击队需要搭乘 LCVP 或 LCM，先到达礁盘之外的“牵引车换乘线”。环绕岛屿的礁盘宽度可能为数百码至数千码不等，如果礁盘较窄，换乘线可能设置在离岸更远的地方，以免进入敌军机枪射程。在这张图上，一个由 12 人组成的陆战队步兵班正从一艘 LCM(3) 换乘到一辆 LVT(3) 两栖车上。图中的海面风平浪静，但是在波涛汹涌的情况下，换乘对携带战斗装备的士兵来说是个艰难的任务。作为预备队的各营和支援部队通常会搭乘登陆艇上岸，但是在低潮时分，他们也不得不依靠两栖车上岸。输送完突击波次后，两栖车会返回换乘线，接应后续部队。由于敌军的打击和机械故障等无法预见的因素，两栖车往往会短缺，只能零零散散地返回，因此接应行动多少会有些混乱。

博格华纳公司的 LVT(3)“大毒蛇”（又名“海滩破坏者”）在生产的过程中遇到问题，导致 LVT(3) 是在 LVT(4) 之后才投入实战的。它在二战中唯一参与的战役是冲绳战役，不过在战后，它成为美军制式的两栖车，取代了 LVT(4)。虽然这两种型号都能搭载 24 名士兵，但 LVT(3) 能运输 12000 磅货物，而 LVT(4) 只能运输 8000 磅。这两种两栖车都配有尾部跳板，可以让士兵更快更安全地下车，它们不像早期型号的两栖车那样，要求士兵冒着敌军火力翻越车体侧面。它们还能搭载一门 105 毫米榴弹炮（不过为了装进车里，炮管基本上需要抬到最高）或一辆吉普车。

LCM(3) 俗称“麦克”艇或“M”艇，其设计旨在能够运送一辆中型坦克，并紧随突击波次上岸。由于它体型较小，机动性几乎和 LCVP 相当，吃水深度则略大于后者。它一次能够运输 60 名士兵，因此是运送后续部队以及卡车和物资的理想选择。此外，它还配备两挺安装在 Mk 21 枪架上的 12.7 毫米 M2 机枪。

背景中有一艘 3×7 的浮箱驳船，靠着一部舷外发动机推进，它的船上用钢索固定了一部 5 吨履带式起重机，用于将货物从登陆艇吊放到两栖车。货物常常堆放在木质货盘上，以便在舰艇之间转移，然后由牵引车拉过海滩。其他停泊在换乘线上的驳船装着大量 55 加仑的汽油桶和电动油泵，可以为两栖车加油，使它们不必返回远在运输舰区的 LST 母船。

牵引车换乘线，1945 年

营突击计划，1944 年

两栖突击部队的组织、构成和编组要根据沿岸地形、可用的两栖车、登陆艇和指挥艇类型及数量、火力支援和其他因素而定。这张图描绘了1944 年 6 月 15 日陆战队第 2 师第 6 团第 2 营在塞班岛的登陆——但并未按真实比例绘制。

此战中首波有 8 个突击营在 6000 码宽的正面上登陆，其中第 2 营位于侧翼最北端。该营本来应该在红二海滩登陆，但由于当地有很强的北向洋流，实际登上了红一海滩（原计划不使用该海滩）。同时，友邻的第 3 营登上了红二海滩，而不是分配给它的红三海滩。这几片海滩都很狭窄，宽度只有 600 码，而礁盘线离岸约 400 码。7 艘驱逐舰、2 艘战列舰和 2 艘巡洋舰在离岸约 2500 码外一字排开，用直瞄火力轰击滩头。美国海军的“科格伦”（USS Coghlan）号（DD-606）位于红一海滩附近，而“蒙森”号（DD-798）在右侧的红三海滩航道上。三艘 LCI(G) 在每个营的突击波次前方驶向海岸，它们在离岸 1000 码处发射 114 毫米火箭，然后转弯驶向侧翼。

在图片中没有使用由两栖坦克连组成的“第 0 波”，第 1 波由 12 艘 LVT(2) 和 LVT(4) 组成。三个两栖坦克排 [每排 6 辆 LVT(A)4 两栖坦克] 伴随第 1 波行动，其中两个排位于两翼，呈梯形队形，另一个排位于中路，呈楔形队形。左翼由一艘 LCC 指挥，右翼由一艘 LCVP 指挥。一艘 LCP(R) 作为救援艇，在中路跟随该波次。第 2 波和第 3 波各有 12 艘 LVT，第 4 波有 14 艘，所有波次在两翼都有 LCVP 引导艇。右侧的第 6 团第 3 营也按相同方案组织。第 2 营和第 3 营的第 1 波后方都有一艘巡逻艇尾随，艇上是 LST 分队的指挥官。第 2 波将在 H + 5（分钟）登陆，第 3 波在 H + 13 登陆，第 4 波（图中尚在整队）在 H + 21 登陆。陆战队第 6 团这两个营的所有这些两栖车、指挥艇和引导艇都是从 A 牵引车群的 8 艘 LST 上下水的。另外，有 8 艘 LST 派出了陆战队第 8 团的两个突击营，在更右侧的绿一和绿二海滩登陆。PC(S)-1079 统一指挥了两个团的艇群。

日军在第 1 波位于礁盘线时开了火。第 1 波的任务是用两栖坦克向腹地挺进，并让搭乘的士兵下车扫清海滩，以便后续波次在海滩上卸载。所有两栖车都不会前进到牵引车控制线后方，这条线是位于腹地与滩头交界处的一条铁路，与沿岸公路相连。陆战队第 2 师的两栖坦克有近半数被击毁或因机械故障损失；陆战队第 6 团第 2 营在 D 日当天换了 4 任营长。虽然该营在 D 日遭遇的抵抗是最激烈的，但它还是奋力向腹地推进了约 2000 码。不过在夜幕降临时，它距离 O-1 线仍有 1000 码左右（该营攻击地段内的 O-1 线是离海岸最远的）。

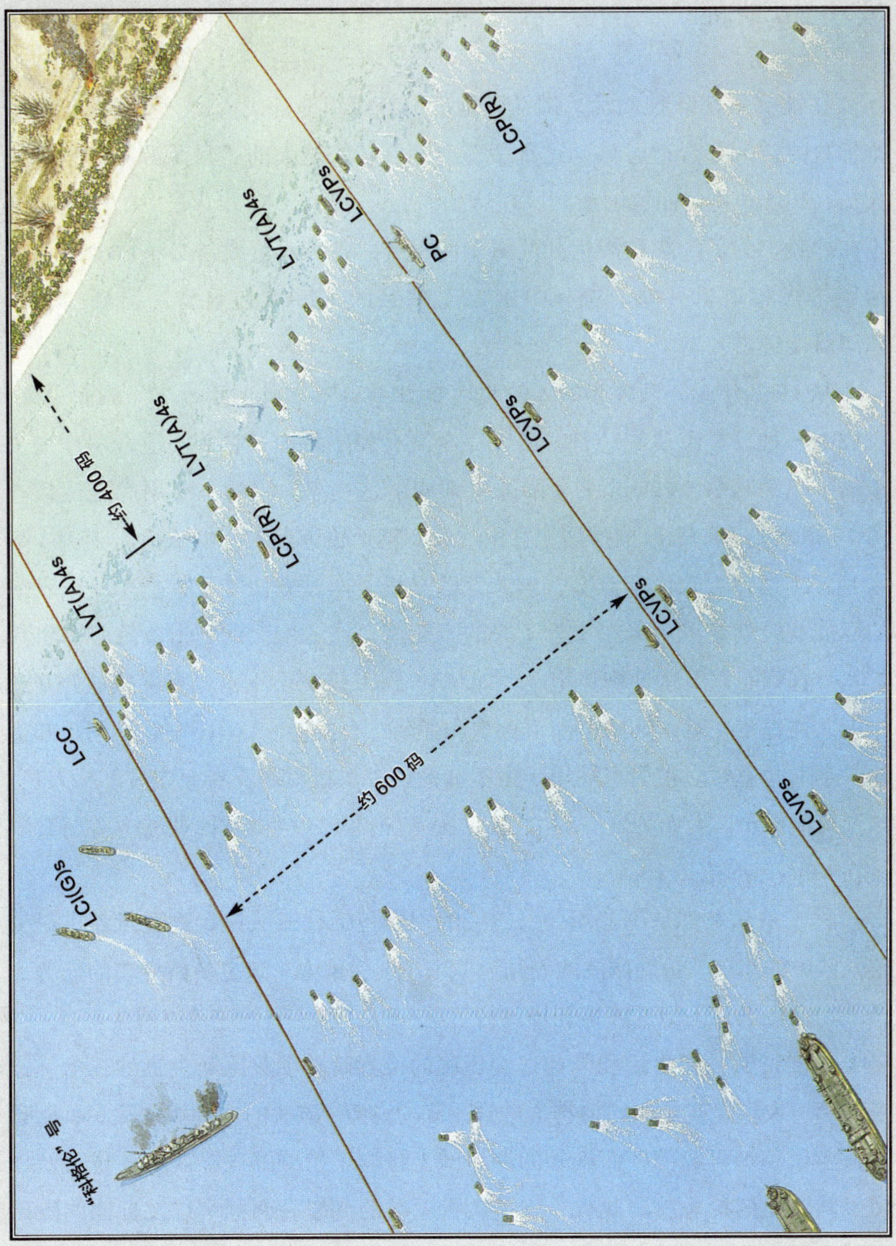
LCP(R)
LCVPs
LVT(A)4s
PC
LVT(A)4s
约 400 码
LCP(R)
LCVPs
LVT(A)4s
LCVPs
约 600 码
LCC
LCVPs
LCI(G)s

营突击计划，1944 年

滩头阵地

在被突击部队控制后，滩头阵地就会有组织地乱成一团。许多单位会争抢稀缺的空间和合适区域，这种争夺会随着越来越大的船只源源不断地运入人员、装备和物资而愈演愈烈。在这张图上，一艘 LCM 和背景中的一艘 LCT 正在卸载。为了卸载和搬运如此海量的物资，各种运货设备必不可少——包括履带式起重机、推土机、DUKW 上安装的人字形起重臂、稀缺的卡车和滚筒传送带。

从 1943 年起，两吨半的 6 轮驱动 DUKW-353 水陆两用卡车（画面中央）就成为一种日益重要的装备。由于完全没有装甲防护，它并不适合用作突击车辆，佩莱利乌（Peleliu）登陆战就证明了这一点。它的主要用途是运载一门 75 毫米或 105 毫米榴弹炮，并由后续车辆运输弹药。它的货舱对于 105 毫米 M2A1 榴弹炮来说有点窄，因此部队采用了两种方法补救：把 105 毫米炮的标准宽轮辋换成从卡车上拆下来的窄轮辋，或者用大锤敲击货舱侧壁将其扩宽，直到能塞下这种榴弹炮……DUKW 会从 LST 上下水，穿越礁盘并开到岸上，并直接在射击阵地上卸下火炮和弹药；有些 DUKW 还安装了用于卸货的人字形起重臂。它们也被用于运输其他物资、指挥部及专业支援部队人员，以及疏散伤员。有四分之一的 DUKW 配备一挺 12.7 毫米 M2 机枪，并将其安装在 M36 环形枪架上。

推土机从来都是不够用的，它们的用途包括从滩头拉走物资货盘、牵引陷入沙中的车辆、帮助搁浅的登陆艇脱困、牵引重炮（这也是两栖车的任务）、清理物资堆场、为炮兵阵地和堆场修筑防护墙，以及开辟道路或清除瓦砾。

事实证明，把物资和装备送到正确的位置是一项艰巨而关键的任务。任务的第一大难题就是如何将物资送到正确的海滩：滩头的地标往往很少，而且会被尘土和烟雾遮挡，而漫长的海岸线上排满了抢滩的登陆舰艇，也会遮挡滩勤队竖立的标志牌。此外，规避大批返航的舰艇和两栖车以及标出的障碍区域也并非易事，而洋流和风力干扰又会使问题雪上加霜。

滩头侧翼会竖起 2 英尺半 ×12 英尺的标志牌，颜色与滩头颜色对应，标志牌的数量表示滩头编号。横放的标志牌标示左翼，竖放的标示右翼（可以选择用 6 英尺见方的标志牌标示中央）。此图中显示的标志牌表明这里是相邻的红二海滩右翼和蓝一海滩左翼。标志牌在夜间会使用按相应编号水平和垂直排列的彩色电灯。此外，6 英尺见方的标志牌用于标识物资卸载点，物资将从那里送往堆场（见小插图）。在夜间这些地点也会用彩色电灯标识（括号中写出了颜色，第一种颜色显示在最上方）：

1. 医用物资和伤员（白灯或绿灯）。

2. 弹药（白灯或红灯）。

3. 口粮（白灯或蓝灯）。

4. 淡水（两盏白灯）。

5. 燃油和机油（白灯或黄灯）。

6. 其他物资（蓝灯或黄灯或红灯）。

7. 履带式车辆（两盏绿灯）。

8. 轮式车辆（一盏白灯）。

9. 已清扫的通道在左侧以黑色三角旗标识，右侧以红色三角旗标识——在夜间分别使用闪烁的白灯和稳定发光的红灯。

滩头阵地

步坦协同分队

美军认为坦克对于岸上战斗的胜败具有重要意义，因此强调优先将坦克输送上岸，而各种抢滩舰艇运送中型坦克的能力各不相同：LST（20 辆坦克）、LSM（3 辆坦克）、LCT（3 辆坦克）和 LCM（1 辆坦克）。离开登陆艇后，坦克兵面临的第一个危险是在穿越礁盘涉水上岸时遇到未被发现的洞穴和隐藏的沟壑。在大部分岛屿上，水下和滩头的人造坦克障碍都不多（如果有的话），但坦克上岸后经常会遇到地雷。坦克在登陆时敌方的反坦克火力往往比较轻微，但是在深入腹地后，就经常遭遇反坦克炮的攻击。在地形崎岖、植被茂密的地方，由于存在众多藏身处，携带磁性炸药包和手雷的自爆小组会构成不小的威胁。日军的坦克往往在半埋掩体中充当固定火力点，它们被零散地用于反击或者即使集中运用也投入过晚，无法起到阻止登陆的作用。在太平洋的早期战役中，美军就发现，美国轻型坦克的 37 毫米炮对付典型的地堡效果不佳，但 M3 和 M5 系列的斯图亚特坦克仍被用于保护和支援 M4 谢尔曼中型坦克。一些轻型坦克用火焰喷射器取代了航向机枪（后期一些谢尔曼坦克也如法炮制）。部队很快就认识到坦克不能脱离步兵作战，因此特别强调步坦协同分队训练。步兵可以保护坦克，防范近距离的攻击；为坦克侦察道路，清扫障碍、地雷和残骸；识别和标记目标，以及肃清被摧毁的敌军阵地。这要求步兵和坦克兵都明确了解彼此的能力与局限以及所采用的标准战术，并有效地进行相互沟通——通过无线电、坦克尾部安装的电话、手势信号以及使用曳光弹和烟幕弹。

这张图片描绘了 1944 年 2 月 1 日的罗伊岛战场。陆战队第 4 师第 4 轻坦克营 C 连（中型坦克）分为两个波次，它们的登陆时间比作为先锋的两栖坦克和两个突击波次晚一个半小时。LCM(3) 停泊在离岸 200 码处，安装了涉渡通气管的坦克驶过 5 英尺深的海水，在此期间，一名车组成员会在前方徒涉以寻找洞穴。伴随着 18 辆 M4A2 谢尔曼坦克行动的是 A 连第 1 排，共 5 辆 M5A1 轻型坦克。它们排成一路纵队前进，直至在 O-1 线前追上步兵。

随后它们会立即克服敌军的微弱抵抗攻击前进，节奏之快让步兵都有些跟不上。这些谢尔曼坦克火力全开、穿过机场跑道，步兵跟在后方保护它们，而 M5A1 斯图亚特坦克留下作为预备队。两个连的 LVT(A)1 两栖坦克大多在开上海滩后就止步不前，受阻于弹坑、壕沟和各种残骸，但其中有几辆两栖坦克的驾驶员不顾陆地战斗车辆的固有弱点，继续沿着该岛的西海岸前进，与坦克并肩作战。在这张图上，后方一辆带有“沙色”条纹迷彩的斯图亚特坦克在开上海滩后还没有丢弃涉渡通气管，可能是索具系统出了故障——这一典型问题反映了计划与现实之间的差距。几辆 M4A2 谢尔曼坦克的车体两侧带有螺栓固定的硬木板作为附加装甲。在前景中，一架坠毁的三菱 G4M 一式陆攻机（美军称之为“贝蒂”）横陈于地，它属于日本第 755 海军航空队，其中有一部分驻扎于罗伊岛。

步坦协同分队

注释

1 战斗装载要求将船只计划装载的物资和装备按照部队上岸后需求的相反顺序进行装载，最急需、最不可或缺的货物将最后装载、最先卸载。它还要求将装备和物资穿插装载于多艘船只，确保一艘船的沉没不会导致整整一类货物损失——例如一个炮兵营的全部火炮。

扩展阅读

Baker, A.D. Ⅱ (introduction), *Allied Landing Craft of World War Two,Naval Institute Press* (Annapolis, Md, 1985). Originally published as *Allied Landing Craft and Ships*, ON1226 (1944)

Barbey, Daniel E., *MacArthur's Amphibious Navy: Seventh Amphibious ForceOperations 1943—1945*, Naval Institute Press (Annapolis, Md, 1969)

Bruce, Colin J., *Invaders: British and American Experience of SeaborneLandings 1939—1945*, Chatham Publishing (London, 1999)

Coll, Blanche D., Keith, Jean E., & Rosenthal, Herbert H., *United StatesArmy in World War Ⅱ : The Corps of Engineers: Troops and Equipment*, US Government Printing Office (Washington, DC, 1988)

Corps of Engineers, *Put'em Across: A History of the 2nd Engineer SpecialBrigade 1942—1945*, Office of History (Ft Belvoir, Va, 1948)

Croizat, Victor J., *Across the Reef: The Amphibious Tracked Vehicle at War,Arms and Armour Press* (London, 1989)

Dod, Karl C., *United States Army in World War Ⅱ : The Corps of Engineers: The War Against Japan,* US Government Printing Office (Washington, DC,1987)

Friedman, Norman, *US Amphibious Ships and Craft: An Illustrated Design History*, Naval Institute Press (Annapolis, Md, 2002)

Isely, Jeter A., & Crowl, Philip A., *The US Marines and Amphibious War: ItsTheory and Practice in the Pacific*, Princeton University Press(Princeton, NJ, 1951)

McGee, William L., *Amphibious Operations in the South Pacific in World War Ⅱ : The Amphibians are Coming! Emergence of the'Gator Navy and itsRevolutionary Landing Craft*, Vol. Ⅰ , BMC Publications (Santa Barbara,Calif, 2000)

McGee, William L, *Amphibious Operations in the South Pacific in World War Ⅱ : From Guadalcanal to Bougainville – Pacific War Turning Point*, Vol. Ⅱ ,BMC Publications (Santa Barbara, Calif, 2000)

Rottman, Gordon L., *US Marine Corps Order of Battle: Ground and Air Units in the Pacific War, 1939–1945*, Greenwood Publishing (Westport,Ct, 2002)

Rottman, Gordon L., *World War Ⅱ Pacific Island Guide: A Geo-Military Study,* Greenwood Publishing (Westport, Ct, 2002)

Stanton, Shelby L., *Order of Battle, US Army, World War Ⅱ* , Presidio Press(Novoto, Calif, 1984)

Strahan, Jerry E., *Andrew Jackson Higgins and the Boats That Won WorldWar Ⅱ* , Louisiana State University Press (New Orleans, 1994)